小学生心理自助工具箱

沟通表达

〔日〕三森由利加 著
日本筑波语言技术教育研究所 编
边蕾 译

中国妇女出版社

著作权合同登记号　图字：01－2022－5622

图书在版编目（CIP）数据

小学生心理自助工具箱．沟通表达 ／（日）三森由利加著 ；日本筑波语言技术教育研究所编 ；边蕾译．－－北京 ：中国妇女出版社，2023.1
ISBN 978-7-5127-2186-9

Ⅰ．①小…　Ⅱ．①三…　②日…　③边…　Ⅲ．①小学生－心理健康－健康教育　Ⅳ．①G444

中国版本图书馆CIP数据核字（2022）第191190号

责任编辑：张　于
封面设计：末末美书
责任印制：李志国

出版发行：中国妇女出版社
地　　址：北京市东城区史家胡同甲24号　　邮政编码：100010
电　　话：（010）65133160（发行部）　　65133161（邮购）
网　　址：www.womenbooks.cn
邮　　箱：zgfncbs@womenbooks.cn
法律顾问：北京市道可特律师事务所
经　　销：各地新华书店

印　　刷：北京通州皇家印刷厂
开　　本：165mm×235mm　1/16
印　　张：14
字　　数：150千字
版　　次：2023年1月第1版　　2023年1月第1次印刷
定　　价：49.80元

如有印装错误，请与发行部联系

前　言

不知道你有没有过这样的疑问："怎样才能成为能说会写、善于表达的人呢？"有的人说话很得体，有的人说话很易懂，也有的人表达自己观点时清晰有序……你会不会觉得一个人语言表达很出色，是因为他拥有特殊才能呢？如何才能获得这种能力呢？如何把自己的想法准确易懂地传达给对方，或是把自己的观点用富有理论性和知识性的语言传递给别人？本书为希望拥有这些能力的父母和孩子们专门设计了语言训练法，结合插画逐一做出介绍。

什么是逻辑沟通法？

所谓"逻辑沟通法"，简单说就是进行基于伦理常识的判断、思考后做出的表达和沟通。在商务交流繁忙的当今世界，逻辑沟通法被格外重视。实际上，逻辑沟通这项技能并不是商业人士才需要具备的，在日常的家庭教育和学校教育中，孩子也应该逐渐掌握这项能力。

在欧美诸国，为了让孩子们掌握逻辑沟通力，会专门开设"语言技术教育"课程，让孩子们切实获得这一技能。语言技术，简单来说就是运用语言达到目的所必要的技术。笔者的初中和高中时期是在德国度过的，在德语课，也就是德国的语文课上，也会把语言技术作为教学的基础。当孩子们完成小学到高中的语文教育时，几乎每个人都能掌握讨论问题、发表观点、写说明文、写记叙文、做报告甚至写论文等各种写作技能。不仅如此，通过这种技能教育，孩子们还掌握了独立思考能力、分析能力、解释能力、批判质疑能力等更高一层的思维能力。可以说，当孩子们步入社会后，以上这些在学校所学的语言技术和逻辑沟通能力才是最重要的生存技能。

说话、写文章，其实和弹钢琴、踢足球遵循同一个道理。如果我们希望自己的钢琴、足球水平有所提高，要做的就是找到合适的老师、教练，不断学习新技能，并通过反复练习真正掌握这些技能。语言表达也一样，想让自己的言谈书写达到更高的水平，也是需要掌握技巧的。而掌握这些技巧的方法也与弹钢琴、踢足球同理，找对方法并不断练习，就可以提高自己的沟通技能。

逻辑沟通这项技能相比其他，可以说是社会生存中最重要的技能，在日常生活的各个方面都会起到积极作用。因为人类社会就是用语言交流的社会。我们所掌握的听、说、读、写，这些所有获取信息和进行交流的方式都是通过语言进行的。不仅如此，我们在进行思考的时候，也必不可少地需要用语言来完成。无论在家庭、学校还是职场，在生活中的每一时刻都能准确顺畅地表达自己想法的人，其人生也必然会随之变得更加丰富充实。

编者

本书的构成

本书由“基础篇”“实践篇”“应用篇”三部分组成。以下是针对每一篇的目的和内容做出的详细说明。

【基础篇】

“基础篇”中会展示生活中常出现的语言场景，以及常见的语言表达问题，目的是改进家庭语言交流的整体环境。家庭，是孩子们掌握语言这项技巧最重要的学习和练习场所。在家庭里，父母对孩子平时的语言表达是否关心和是否具备敏锐的捕捉力，都可能成为决定孩子将来能否获得高级语言表达技能的重要影响因素。

在阅读时，“基础篇”大体有两类使用方法。第一类，家有幼儿的家庭，请家长在阅读此系列后，审视自己目前的家庭语言环境，并根据书中提示做出调整，家长语言敏感度的提升会带动家庭内语言环境的协调。由此，孩子就会自然而然地领悟语言的逻辑，讲话也会更有条理性。第二类，如果孩子已经上小学，那么就请家长和孩子一起阅读，针对书中出现的对话场景和孩子一起探讨。进入小学阶段，孩子的语言系统基本已经建立，如果要修正、改进，就不能只靠家长的说教，让孩子自己认识和思考才是关键。无论是父母还是孩子，只要双方在日常生活中下功夫去练习语言的表达，语言环境就可能迅速发生肉眼可见的变化。

【实践篇】

“实践篇”中会向大家介绍我在筑波语言技术教育研究所和小朋友们一起做的“问答游戏”训练法。

“问答游戏”的灵感源于我认识的一位教英语的荷兰人 L 老师。在他主讲的英语研讨课上，L 老师会在刚上课时迅速提出一连串问题，让在座的参加者回答。令人吃惊的是，没有一个人能完整、准确地回答出 L 老师的问题。要知道，参加该研讨课的人几乎都是筑波语言技术教育研究所内的研究人员，他们经常接触英语，英语能力绝不低。但是，尽管如此，他们照样回答不出 L 老师提出的这些简单问题。有的是在叙述时忘记加主语而被敲打，也有的是理由解释得不够明白而被不断追问，还有的在表达上不够严谨，如用到“大家”一词，而被追问“都有谁是大家”……与其说是语言表达的问题，倒不如说是逻辑上的破绽被处处击破了。我在一边观察这些场景，我的体会是，并不是回答问题的人的英语能力不足，而是他们平时使用的日语思维不能准确地领悟用英语表达的要领，从而无法给出 L 老师寻求的答案。正是这个原因，让我编辑整理出这套“问答游戏”训练法。

“问答游戏”是通过轻松有趣的游戏，掌握富有智慧的、符合伦理规律的问答技巧的训练。掌握这些“问答游戏”中的小技巧，就可以拥有更出色的讨论、议论、辩论的能力，甚至在写小论文等学术文章时，也会用到“问答游戏”中的技巧。

在“实践篇”，我会介绍一些练习题，请大家一起试着练习。只要掌握提出问题的要领，父母也可以和孩子一起编写新的问答游戏题目，这样就可以在游戏中让自己的语言表达技巧不断精进。

【应用篇】

“应用篇”将“基础篇”和“实践篇”里做过的训练投入到生活场景中，看看会带来怎样的变化。在“基础篇”和“实践篇”中，我们介绍了许多语言表达的要点：明确主语、认识自己、明确“5W1H”要素、将内容分点论述来帮助整理思路、思考理由、复眼式观察思考、紧扣提问的回答等。这些技巧会在生活中发挥巨大作用。在生活的各个方面，包括向人传达留言时、接受采访时、做说明或描述事物时、做汇报发言时等，“基础篇”和“实践篇”里所学的技巧都可以有用武之地。

针对“认知”这个项目，它与说明、描述、报告这些表达活动的训练法略有不同。关键要掌握以下两点，就是“基础篇”中学到的主语的认识和“实践篇”中学到的“站在对方立场换位思考”的技术。

在“应用篇”里也为大家列举了很多练习题，请大家尝试自己解答。设身处地地去思考，就越发理解运用语言技巧表达的必要性。以后就请把这些技巧运用到实际生活中吧。

希望通过本书，每位读者都能切实感受到思考、逻辑沟通的乐趣。让每个家庭都能丰富、愉快而充实地交流就是我编写此书的最大心愿。

筑波语言技术教育研究所所长

三森由利加

目　录

基础篇

实践篇

应用篇

基础篇

1 打招呼时该如何表达？

人不是单独生存的个体。在家庭、学校、社区，甚至交通工具上，不同的场合会遇到形形色色的人，也会带来很多交谈的机会。那么，这些时候该说什么好呢？

交流的第一步是打招呼。适度、得体地打招呼，是人能够愉快、顺畅地在社会中生存下去的基础。

打招呼可能只是一句简单的寒暄，但是作用却非常大，忽略了它，有时人际关系也会变得生疏，可以说打招呼是人与人之间和谐共处的润滑剂。

但如果只是为了打招呼而毫无意义地寒暄，有时反而会给人带来不够真诚的印象。要知道，作为社会的一分子，打招呼可是非常重要的交流环节。

那么，你是否具备在任何状况下都能恰到好处打招呼的能力呢？

如果是你，打招呼时该如何表达？

（1）基本寒暄

道别的时候
再见。

出门的时候
我出去啦。

要睡觉时
晚安。

回到家
我回来了。

▶ 自然而然地把打招呼融入每天的生活中吧。

（2）去朋友家玩的时候

▶ 主人招待自己吃点心时
对招待自己的人诚恳地表达当时的心情。

(3) 被邀请去参加朋友的生日会

▶ 生日派对是一个特别的社交场合，需要用正确的礼仪来表达感谢之情。

(4) 在街区中

▶ 从拥挤的人群中穿过时，不要一声不吭地挤过去，而要跟周围人打个招呼。

▶ 赶时间，不小心撞到别人时，不要默默离开，该道歉时要认真道歉。

建议

和别人打招呼时，不要觉得不好意思。不要怕被别人笑话或被人说装腔作势，鼓起勇气把该说的话说出来。如果我们每个人都能在日常生活中多拿出一点儿勇气来大声地打招呼，那么每天的生活也会变得更愉快。打招呼不是为了他人，而是为了让自己有一个愉快的心情。

在打招呼时做到以下两点，会让对方更容易理解你的心意。

- 说话时注视着对方的眼睛。
- 讲话稍微大点儿声，让对方听清楚。

2 拜托别人时

我们在餐厅点餐时，你有没有过只对着服务员说“果汁”“咖啡”，好像在用命令的口吻跟服务员点东西？或是在超市里结账时，把购物篮放在收银台，什么话也不说。又或是吃早饭时，想让妈妈拿黄油，只说一声“黄油”就完了。

在请别人做某事或拿东西时，要用拜托别人的语气表达出来。如果只说要什么，或什么也不说，再或是完全不用心地说话，那么被这样的态度对待的人是不会对说话的人抱有好感的。拜托别人时，要使用“拜托给我 ××”“请给我 ××”来表达。

想给对方留下好印象，语言交流起到的作用是十分重要的。无论是在家里还是在外面，需要别人做事情或拜托别人时，要礼貌地表达。

(1) 在餐厅点餐时

如果在点餐时我们使用“拜托”“请”一类的礼貌用语，对方也一定会用礼貌用语回复我们。如果只说“咖啡”，听的人就会感觉像在命令他。

(2) 在超市买东西时

把商品的价格录入并核算，是收银台服务人员的工作。所以，是不是觉得并不需要额外说什么，只要把东西拿过去就行了？其实不然，无论在什么场合，一句简单的拜托都可能会让对方的态度发生转变，气氛也会随之柔和起来。

(3) 在家里

如果有礼貌地拜托别人，那么你得到的回答一定也是一句愉快的“好的”。

在拜托别人为自己做某事时，明确向对方表达感谢也是让对方乐意帮忙的好办法。

(4) 朋友之间

即便是朋友，拜托别人时也需要礼貌地表达。

建议

以英语为例，“please”是一个非常常用的词汇。只要在句子的开头或最后加上“please”，就可以更委婉地拜托对方。因此当我们处于要请别人帮忙的立场时，“麻烦请给我 ××”“拜托请 ××”都是很重要的辅助语。这样的会话才会更礼貌得体。

3 正视对方的眼睛讲话

和人面对面谈话时，正视对方的眼睛其实是非常需要勇气的一件事。日本人有一个不好的习惯，就是低着头跟人讲话，或是说话时不愿直视对方，有很长时间这一做法被视为是对对方的尊重，由此，日本人正视对方就变成一件非常困难的事。但这个做法在国际社会并不通行。

在和对方说话或听对方讲话时，不肯正视对方，会给对方留下不愉快的交谈印象。如果在谈话过程中，你把目光移开，那对方可能会认为你对这个话题或谈话本身不感兴趣。也许原本你是很认真地在听对方说话，但因为视线不专注，而招来对方的误解，这岂不是很遗憾?

如何改变这个习惯呢？先把我们身边亲近的人当练习对象训练起来，用眼睛看着对方说话。

（1）和外国人交谈时

▶ 好不容易才有的学英语的机会，不敢直视对方，太浪费了。

（2）听朋友讲话时

▶ 明明自己很认真地在听对方讲话，却因为视线转向别处而引起了对方的误解。
还有可能会影响到和朋友之间的信任关系。

(3) 在家听妈妈的叮嘱时

孩子明明在听妈妈的叮嘱，但因为眼睛总看别处，所以妈妈会猜测是不是没有听进去，于是要反复说好几遍确认。

(4) 向朋友表达谢意时

向别人表达谢意可能会有点儿不好意思。但因为不好意思就不愿直视对方，自己的心意就很难传达给对方。

建议

在与人交谈时，正视对方的眼睛是基本常识。如果是听别人讲话，那就不要躲避别人的视线，也不要向下看或横向平移视线。换位思考一下，如果你是讲话的人，听你讲话的人总把视线移开，你是不是也会产生他不想听我讲，或是他可能觉得内容太无聊之类的想法。这样一来，原本很积极的谈话，也会变得不那么愉快。

那么，想要改变就必须正视对方，一开始可能会有些不好意思，但要有意识地去做，坚持下去，很快你就能自然地注视着对方去交谈了。

4 谢谢，可是……

当你收到朋友邀请时，你有没有马上就拒绝，或者罗列出各种理由来解释呢？让我们换位思考一下看看。如果你去邀请朋友，但对方立即就说“不”，或者说了很多不行的理由却不说到底能不能来，你作为邀请者会是怎样的心情呢？我想你心里一定不舒服，可能以后再也不想邀请他了吧？如果你会有这样的想法，那么别人也一样。

收到别人的邀请，但自己却无法应邀参加的话，明确地拒绝是必要的。含糊不清的表达只会让对方的期待落空。

虽然是拒绝对方的邀请，但同样需要表达的技巧。首先应对别人发出的邀请表示感谢。然后表达出自己如果能够参加的话，会是什么样的情景。最后把自己不能参加的理由告诉对方。这样一来，相信下次你一定还会收到别人的邀请。

(1)面对别人的邀请，你是不是一口回绝？

一句话就把对方回绝，对方就不敢再邀请你，也会对你失去兴趣。

(2)你会不会列出一个又一个理由来推辞？

列出一个又一个理由来拒绝对方，反而会招来厌烦。理由列得多反而让人觉得你在撒谎，容易招来误解。

(3)拒绝邀请时如何做才能不让对方扫兴?

(4) 站在邀请方的角度思考该如何拒绝

建议

如果你希望下一次还能收到别人的邀请，那么在这一次拒绝别人时就要掌握以下三个基本原则。

① 对邀请自己这件事，明确表达感谢之意。

② 告诉对方自己对所邀请的内容是非常感兴趣和乐于参与的。同时，也要把这次无法参加的遗憾心情传达给邀请人。

③ 明确地告诉对方不能参加的理由。

来练习一下

① 下周日大家打算一起去看电影，你要不要来？

② 这周六晚上我们想去看花火晚会，你来吗？

③ 这周五太郎他们会来我家住一晚，你要不要来？

④ 下周我要去多摩川骑行，你要不要一起去？

5 你在说谁（的事）？

（1）“昨天，去了迪士尼游乐园。”

（2）“听说去年夏天去过一次，据说很有趣的样子。”

这样的对话，你是不是也经常听到呢？（1）说的是谁？（2）是男孩？女孩？一个人？两个人？光看这段文字，恐怕什么都搞不清楚。

为什么会有这种含混不清的表达？是因为它的“主语”被省略了。“主语”是一句话中最重要的组成部分，在说话和写文章时，时刻都要意识到“你要说的是谁”。只有这样，听你说话的人、看你文章的人，才会更迅速、准确地明白你要表达的意思。

(1)去迪士尼乐园的是谁呢？

因为小诚把句子的主语省略了，所以小武就自然而然地以为主语是第一人称“我”。

小诚还是没想通小武为什么会听不懂。小诚该怎么说才更明白呢？

（2）为句子加上主语

每一句话都不要轻易忽略主语，这样才能避免误解的产生，让意思可以清楚地表达。

（3）时刻注意你要说的是“谁”“什么”

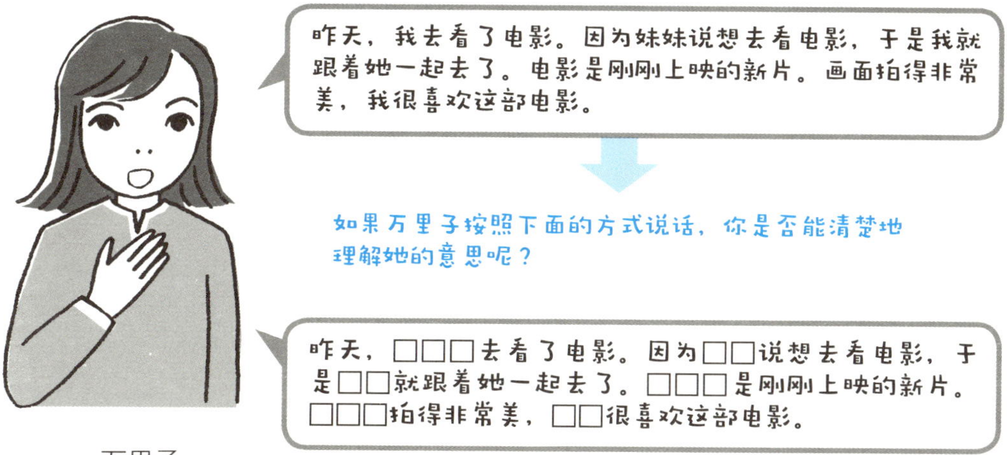

万里子

如果万里子按照下面的方式说话，你是否能清楚地理解她的意思呢？

建议

我们往往下意识地忽略了主语，总觉得我说的是谁对方一定能明白，然后就习惯性地在口头和书面表达时都忘了加上主语。

我们以（3）中的万里子为例，在省略主语的情况下，乍一看，似乎也能明白大概意思。但请仔细思考一下，第二段文字中万里子是和谁一起去看的电影，是不是就完全搞不清楚了呢？另外，想看电影的人是谁，喜欢这部电影的人又是谁，是不是也都看不明白了？

即便是小细节也不留疑惑，这是我们说话、写文章、交流时的基本要求。为了清楚、明白地表达意思，时刻注意不要忽略主语。

6 “大家”是谁？

“学校里大家都有手掌游戏机，也给我买一个吧！”

“夏天大家都去海边玩，我也想去！”

“大家都说，你去游戏厅玩可不太好啊。”

“大家”是日常生活中极常用到的词汇，但你有没有想过这个“大家”都包含谁和谁呢？是不是把毫不相关的路人甲、乙、丙也放进了“大家”的范畴呢？

又或者明明是自己的想法，但碍于某些理由不想明说，所以用“大家”取而代之，听起来就好像是大多数人都这么想。尤其是在突然要表达自己的意见时，用“大家”来做主语，就好像自己身后有了相同立场的同伴，这样一来仿佛自己的意见就更有说服力了。

但，真的是这样吗？

(1) 这个“大家”里有几个人？

▶ 广木一开始说“大家”，在妈妈的追问下，自己也终于意识到实际上只有3个人而已。那么，这种时候应该怎样跟妈妈讲呢？

▶ 妈妈马上就明白了，广木想买新棒球手套的原因是他的小伙伴都买了。

(2) 把主语“大家”替换成第一人称，自己的意愿由自己来负责

▶ 说“大家”的话，妈妈一定会多考虑一下。所以还是用“大家”来当盟友吧。

▶ 想去海边的人是“我”自己。不要借用不存在的“大家”来当借口。

▶ 实际上并没有别人那样说，但只有我一个人这样想的话，显得我太突出了，万一以后有什么问题了会给自己找麻烦，所以还是说“大家”的意见比较稳妥……

▶ 是我自己觉得应该提醒朋友注意，我要对自己的意见负责任。所以不把自己的意见捆绑到“大家”头上。

建议

如果你听到别人对你说“大家……”，要拿出勇气来反问一句“大家是谁？”，“谁和谁在这个‘大家’里？”。

还没搞清到底是谁的意愿，就不要被“大家”轻易说服，否则就可能买了不该买的东西，或是去了不想去的地方。

比如，原本班上只有不到三分之一的孩子家里有手掌游戏机，但孩子跟你说“大家”都有，你是不是会有班上的孩子人手一台的错觉？所以无论是自己表达时用到“大家”，还是听到别人说“大家”，我们都要想一想究竟是谁在其中。

正确使用词汇是语言交流非常重要的基本条件。

7 “那个”是哪个？

下面两个例子中都用到了“那个”，找找看下面的备选中哪个词替换“那个”最合适。

例：（1）“妈妈，帮我拿一下那个！就是那个！就是在那儿的那个。”

（2）“说得太直白了会不会太那个了，广木应该能明白什么意思吧。”

备选词：（1）①铅笔；②手掌游戏机；③棒球手套；④教科书；⑤铅笔盒。

（2）①难堪；②他会生气；③他太可怜；④他会不舒服。

你平时会不会也有上面例句一样的谈话呢？虽然自己知道那个是什么，但对方却不能马上领会。

例句（1）和（2）里出现的“那个”，根据不同场合可以替换各种不同的意思。听话的一方往往要使劲儿琢磨才能猜出说话方要表达的真正含义。

所以在对话中把“那个”具体化，这对交流能否顺畅进行格外重要。

（1）“那个”指的是什么？①

广木想要的是铅笔盒，但妈妈怎么会知道。所以两个人之间就要反复问答多次才能沟通到位。因为不能立即理解对方，所以两个人都越说越没耐心。

（2）“那个”指的是什么？②

两人在谈论广木的事时，麻美只说了“那个”，夏子没能准确理解麻美想要表达的意思，于是就产生了误解。

(3) 用具体事物代替“那个”，明确表达意思

▶ 明确说出具体所指的事物，马上就明白了。

▶ 如果复杂的内容也用“那个”来表达的话，就容易招来对方的误解。

建议

“那个”真的是一个方便好用的词吗?

日常生活中我们会说“那个”，但也经常会有对方不能领会其意的时候。如果“那个”只是代指眼前或身边的名词，那么谈话双方还容易确认。但如果“那个”是用于表达复杂的状况或人的感情的话，说话人要表达的和听话人收到的信息就有可能完全不一样。

在每天的交流中，我们应该有意识地避免用“那个”代替事物。如果自己是听话方，在听到别人讲“那个”时，我们要勇于追问“那个”所指何物。唯有交流双方相互努力，才会带来清楚、明快的沟通默契。

8 把话完整地讲到最后

“妈妈，牛奶！”

请从下面找出上面这句话要表达的意思。

①“妈妈，牛奶没有了，去买一些吧。”

②“妈妈，我口渴了，想喝牛奶。请给我牛奶。”

③“妈妈，牛奶一直放在外面呢，赶紧放进冰箱吧。”

④“妈妈，奶油炖菜最后得放牛奶才行。”

其实，以上选项都是正确答案。也就是说“妈妈，牛奶！”这句话有多种含义，根据场合不同就会有不同的解读。因为妈妈和孩子每天都生活在一起，所以不需要说全，妈妈也会了解孩子要表达什么意思。但这种表达方式不是哪里都适用的，离开了家庭，孩子的话别人就可能听不懂。所以，为了让孩子在任何地方都能清楚、准确地表达，平时就要多上心让孩子把话完整地讲到最后。

(1) 如果不把话讲完整会怎样？（在自己家）

因为是每天都生活在一起的母子，所以孩子刚一开口，妈妈就能立刻领会意图。也有的时候孩子还没说出口，反倒是妈妈先说出来了。

(2) 如果不把话讲完整会怎样？（在别人家）

到了自己家以外的环境，一贯的表达方式就不一定通用了。如果对方听不懂自己的话，难免就要心慌紧张。

(3) 做个反应迟钝的父母①

小智想看报纸上的电视节目表，所以在找报纸。但小智说“爸爸，报纸！”时，爸爸故意表现出听不懂的样子，让小智把自己的意思梳理清楚再表达。

(4) 做个反应迟钝的父母②

冬美想画画，所以她想要白色画纸。但她只跟妈妈说“妈妈，纸！”，妈妈就故意装作听不懂的样子反复追问，让冬美自己把要干什么、为什么、要怎样的纸都清楚地表达出来。

建议

“妈妈，牛奶！”这句话后面，其实有可能省略了各种各样的内容。如果是在一起长期相处的家人或朋友，后面的话不说可能对方也会明白。但如果不是那些人，我们就必须把全部意思都表达出来才能让别人准确理解。所以还是要注意尽量完整地表达。

交流，是一个双方相互理解的过程，尽可能完整、全面地理解别人的意思是十分重要的。但以为反正别人会努力揣测自己的意思，而不去认真表达，这等于抱有侥幸的心理。

在平时生活的点滴中就应注意自己的话是不是完整地说到了最后，否则万一出现没说完整的情况时就可能很难应对。现在就开始在家练习起来吧。

9 “不知道”“没什么”是什么意思？

“今天在学校都干什么了？”

“不知道。”

“迪士尼乐园好玩吗？”

“没什么。”

面对大人的问话，你有没有经常用“不知道”“没什么”来回答呢？如果别人问你经历的事，你回答“不知道”，那么人家可能会觉得你“是不是记忆力有问题，什么都不记得”；如果你回答“没什么”，那么人家可能会认为“这是场无聊的经历，他再也不想说第二次了”。这就是“不知道”“没什么”给人带来的感受。

也许你自己并不这样想，却给人留下了你不喜欢交流的印象。长此以往，别人会越来越不爱与你讲话。

诚实、认真地对待别人的提问，在人与人的交流中非常重要。

(1) 你是不是也常用“不知道”来回答？

▶ 你从学校回到家后，被妈妈问到在学校的情况时是不是经常回答“不知道”。妈妈不能去学校，不知道一天中都发生了什么，所以想通过你的话来了解学校里的状况。但你只回复一句“不知道”，就失去了和妈妈交流学校生活的机会。

(2) 你是不是也常把“没什么”当回答？

▶ 如果你回答“没什么”，那么即便你原本觉得电影很好看，对方也不会领悟到你的本意。对方可能会因此而一直误解下去，以后也不会再来邀请你了。所以，不要随便用“没什么”来回答别人，这有可能会让你失去一些机会。

(3) 如果对方回答“不知道”，不要介意，继续追问下去

▶ 如果别人回答你“不知道”，那么你可以反问他“你自己做过的事也会不知道吗”。即便对方用“不知道”来回你的问话，你也可以继续追问下去，对方的回应也会因此而改变。

(4) 如果对方回答“没什么”，不要介意，继续追问下去

▶ 即便从他人那里得到了“没什么”的回复，也不要就此放弃交流，继续追问下去试试看。有时，可以故意说些反话刺激他一下，就可能引起他的兴趣，让对方随着你的引导展开话题。一旦攻破了让对方开口的难关，丰富的对话就容易展开了。

建议

“不知道”和“没什么”是两个很方便的词汇，不仅可以让自己省去很多思考，还可以不再被对方问来问去地纠缠不放。但是，人类社会是一个依靠语言交流而维持的社会，如果总说“不知道”“没什么”来拒绝别人的话，当你想和别人沟通交流的时候，就很有可能被用同样的“不知道”“没什么”应付回来。

被人提问，不要说一句“不知道”“没什么”就逃开，而是要认真地回答对方。积极地回应更有助于构建良好的人际关系。

如果是面对孩子，那么大人就更要耐心地去沟通，努力引导孩子思考和表达。大人的态度会让孩子更理解交流的重要性。

10 “稍微有点儿事”是什么意思？

当你被亲近的朋友问到“你要去哪儿”或“你在做什么”时，你有没有随口就说“稍微有点儿事”。无论是被妈妈、被孩子，还是被朋友问，都可以用“稍微有点儿事”来回答，这可真是很方便。

但是，这个“稍微有点儿事”究竟是什么意思呢？实际上，你真正所想的事情是不能仅靠“稍微有点儿事”就能表现出来的。

亲近的人对你说“稍微有点儿事”时，你会怎么想？你可能会觉得对方可能要去不想让自己知道的地方，或是有什么不想让自己知道的事才会这样说。越是关系亲近的人，在被问到“你在做什么”时，越该直接说明，而非搪塞或隐瞒。总说“稍微有点儿事”这种模棱两可的话，只会让信赖你的人失望。

(1) 被问到“你要去哪儿”时，是否只回答“稍微有点儿事”就可以了？

(2) 如果是别人回答你“稍微有点儿事”，你又会做何感想？

(3) 不要对自己信赖的人用“稍微有点儿事”之类敷衍之语当作回答

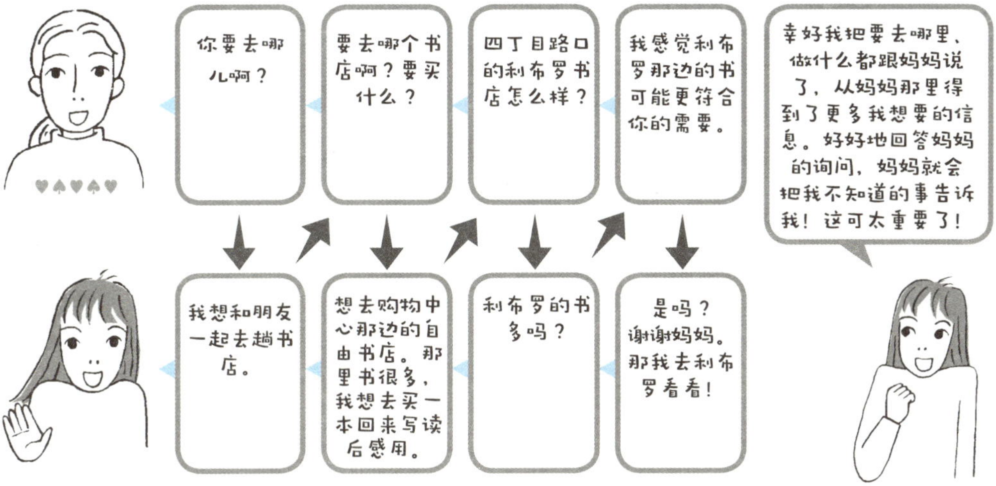

(4) 即便是父母对孩子，也不要用“稍微有点儿事”搪塞

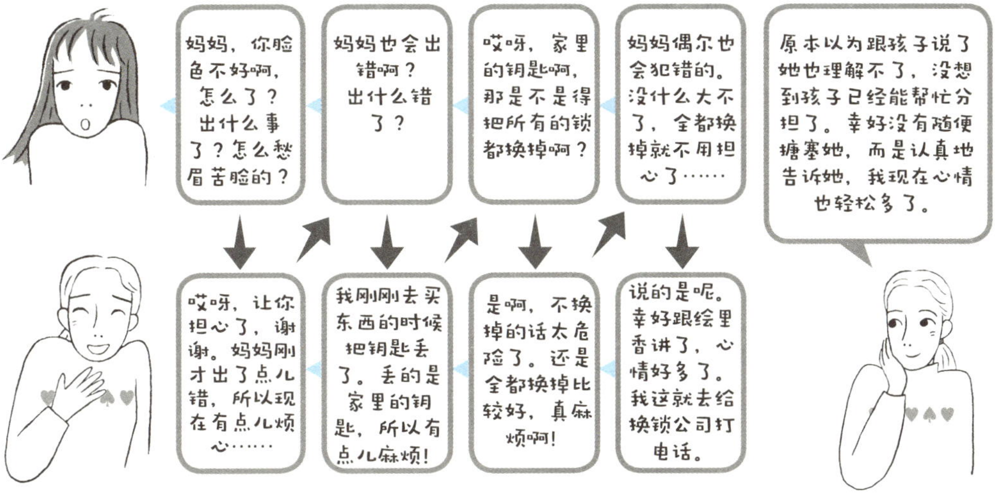

建议

当碰到某些事不方便对别人说时，这种情况下的“稍微有点儿事”，和并没有什么要紧事，只是单纯懒得回答的“稍微有点儿事”，程度是完全不一样的。所以，如果你是听话一方，听到对方说“稍微有点儿事”，最好敏感一点儿，多追问一句，这样才能了解事情的轻重。相反，如果你是说话方，就请不要随随便便回答“稍微有点儿事”去打发别人。无论问什么都回答“稍微有点儿事”，可能会失去别人的信赖。首先，让我们先从家里开始，把“稍微有点儿事”叫停吧。

11 凡事都用“之类”做后缀

“我喜欢足球之类的运动。”

“我觉得前锋之类的很酷，所以我想踢前锋之类的位置。”

你平时说话，有没有频繁使用“之类”一词？“之类”一词原本是用来列举例子时使用的助词。如“足球、棒球之类”列举两项以上的例子是规范的用法。但是现在即便只有一个例子，人们也会在后面加上“之类”。

如果说语言是在随时代不断变化的，那么“之类”有了新的用法也不是什么大不了的事。但因为用了“之类”一词而模糊了自己要表述的重点，这就造成了表达的问题。自己都搞不清楚自己的真正意图，那又何谈与他人顺畅地交流呢？！

在家里，如果听到有人说了“之类”，那就要追问一句“你说‘之类’，那就是还有别的什么是吗？”，然后再和家里人一起好好思考一下被模糊的意思究竟应该怎样表达才清晰完整。

（1）你是不是也有爱说“之类”的习惯？

谈话中用了很多次“之类”，但两个人却完全没理解“之类”这个词的意思。

（2）如果被问到“你说……之类的话，那其他还有什么啊？”，能否答上来呢？

因为这两个人对“之类”一词的理解有偏差，造成谈话不能顺畅进行。

(3) 好好想一下被“之类”模糊的内容

1. 我喜欢的运动项目是足球。
因为我喜欢的就只有足球，所以不要加上“之类”，只说“我喜欢足球”就好。
2. 我想踢的位置第一是前锋。因为我跑得快，脚力也够强，反应速度也快。不过我对中锋位置也感兴趣，因为中锋是进攻的指挥者，是球队中像大脑一样的位置。
所以，我想踢前锋、中锋之类的位置。
实际想去试试的话，那就不只有前锋一个，而是两个位置。

明白了！
只举一个例子的时候不用“之类”。列举两个或以上例子的时候才会用到“之类”来具体说明。

(4) 回过头来再用“之类”表达试试

1 你喜欢什么运动项目？

2 我喜欢的运动项目是足球！

3 还有其他喜欢的项目吗？

4 我只喜欢足球一项。

5 你想踢什么位置？

6 我想踢前锋、中锋之类的位置……

7 你喜欢什么运动呢？

8 我喜欢的运动是篮球、棒球之类的。

把“之类”的用法搞明白再用，和别人的对话就会更加畅通。我们自己也可以举例练习。

建议

“之类”一词在日本辞典中的解释是：“表述并列关系例子时使用的副助词。”但是，有研究发现，从 1980 年后，各种词汇后面都加上“之类”，甚至出现了在句子后面加“之类”的表达方式，这种（把对自己言论的责任和所表达内容）含糊其词的说法在年轻人中广泛流行。

因此，“之类”一词的表达方式，也可以说被赋予了新的意义和用法。但是，如“我喜欢苹果”“我喜欢苹果和梨之类”和“我喜欢苹果之类”这些句子中的细微区别，需要我们有所区分。

在家庭里、在日常生活中，首先大人要正确理解“之类”的意思，并规范地使用，那么孩子们就不会出现边界模糊的“之类”的用法。

12 ××左右

“你想要几个苹果？”

“给我 3 个左右吧。”

“好，那给你 2 个吧。来，这 2 个给你。”

“啊……”

不知道你有没有过这样的经历，当你说了“我想要 3 个左右”，说明你心里实际上是期待对方给你 3 个苹果的。但是结果却不能如你所愿时，你会不会觉得对方实在不够洞察人心，让你颇为失望呢？

其实，错不在对方，你自己明明想要 3 个，却习惯性地加上了“左右”，这才导致了自己的失利。不知大家是否也有过类似的体验。

在描述数量时，有些场合只需要提示一个大概范围即可，而有些场合则应该明确指出具体数量。这需要区别对待，让我们从日常生活中加以注意。

(1) 你会不会没有仔细把握数量，就随意加上了“左右”呢？

田中非常严谨地按“左右”指示的范围拿了橘子。
但是，麻里只是习惯性地随口加了“左右”而已。结果，两个人的理解就发生了歧义。

(2) 在什么情况下应该使用“左右”一词呢？

“左右”是表达“大概的量或用于比较基准”的副助词。

需要用“左右”的情况

1. 我家有4个人，但橘子还要分给别人，所以不按每人1个给我也没关系。我说“4个左右”，具体怎么分配就让田中把握就好。
2. 烹饪实习课的老师说洋葱需要2～3个。那就是带2个或3个去都可以。这种时候就可以说“3个左右”。

不需要用“左右”的情况

1. 我家有4个人，所以必须要4个才最合适。如果只分到3个，就会有一个人分不到。而分到5个就会多出来一个。最好不多不少就4个。
2. 明天的烹饪实习课需要3个洋葱。如果只带2个就会不够用。所以说“需要3个”就对了。

（3）不应该在数字后面加“左右”的场合

收到了一箱橘子，大家一起把它分了吧。

我家人都很喜欢吃橘子，最好能给他们每人带一个。

麻里，给你带几个橘子好啊？

嗯……我想要4个左右吧。

噢，4个左右。嗯……因为还要分给别人，那就给你拿3个吧。给！

那个……我想要4个左右，能给我4个吗？

哎呀，3个不行啊？我听你说的是4个左右，所以我以为不一定必须要4个呢。

我说我想要4个左右，以为就可以给我4个。

理解“左右”一词的正确用法，有区别地使用它。我终于明白了，不假思索地全都加上“左右”，很可能就会给自己设下语言陷阱，今后我也要想好再用。

（4）应该在数字后面加“左右”的场合

别人给了我2箱洋葱，我想分给大家。

烹饪实习课的老师说需要我们带2～3个洋葱。

麻里，你明天有烹饪实习课呀。洋葱刚好可以给你，你要几个？

谢谢，我想要3个左右就好，可以吗？

3个左右啊，那给你2个行吗？因为我还要分给别人。

好的，没问题，因为老师说2～3个就行。

好的，那我给你拿2个。这个洋葱味道可好了！

太谢谢了！

想要多少并不是一个确定的数量时，是可以加上“左右”的！

建议

根据日本辞典里的解释："左右"是表达"大概的量或用于比较基准"的副助词。但是，因为日本人的讲话习惯比较委婉，所以"左右"一词的用法也在逐渐发生变化。即使是"我就要 3 个"的情况也常会被说成"我要 3 个左右"。

所谓"3 个左右"，是一个大概的数量，比 3 个少 1 个的"2 个"也是没问题的。所以，我们首先要搞清楚自己到底是要"3 个左右"就行，还是"必须 3 个"才行。这种分辨力和判断力需要我们在日常生活中培养。如果不能严谨地使用词汇，日后就可能会在表达上出现大的偏差。

13 为什么？怎么会？

即便是年幼的孩子，也在努力地思考。看到什么、听到什么或经历了什么后，孩子们总会不停地问“为什么”“怎么会”，而且经常会有一些让大人猝不及防的问题出现。毫不夸张地说，我们大人对这些问题的态度，决定了孩子的逻辑思维能否被好好培养成型。

小孩子问大人“为什么”“怎么会”的时候，请家长们一定要认真去听。并不需要有问必答，答不上来时诚恳地告诉他“我不知道”，这对孩子也是一个重要的启发。在不断思考“为什么”“怎么会”的过程中，孩子的思考能力会得到加强，同时也会养成探索真相的习惯。

(1) 对“为什么”“怎么会”这类问题，你有没有好好考虑过理由？

▶ 因为妈妈并没有认真地给孩子一个解释，所以孩子总是不服气。

(2) 听到“为什么”“怎么会”这类问题，你会不会觉得烦？

▶ 家长的一句“真烦啊”，就有可能让孩子好奇心的大门从此关闭。

(3) 如果不理睬孩子们的“为什么”“怎么会”，孩子们就不再爱动脑筋

如果在孩子不停问“为什么”的时期，大人没有给予积极的回应，那么孩子就会逐渐放弃思考和探索的意愿。久而久之，大人再向孩子询问理由时，孩子就会因为不知道该如何作答而拒绝回答。

(4)“为什么？怎么会？”“说到为什么……，说到怎么会……是因为”

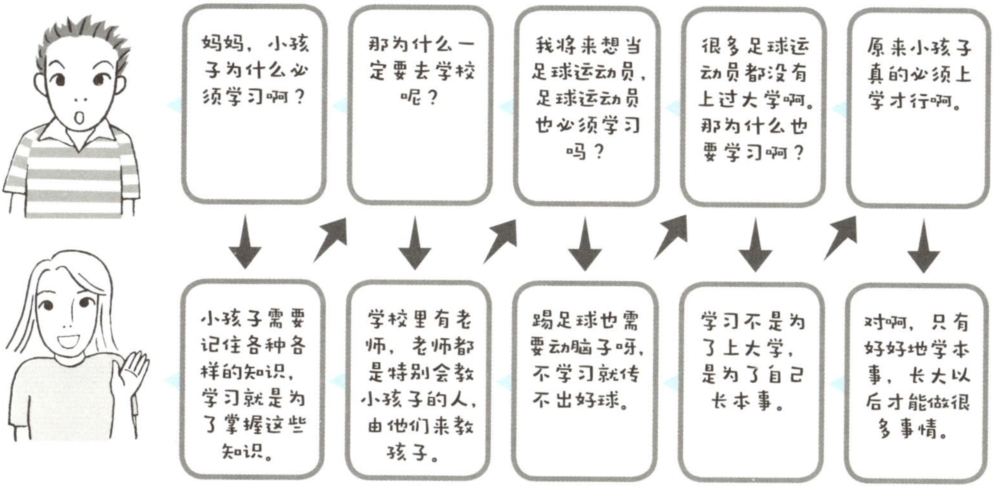

随着“为什么”“怎么会”在孩子脑中不断重复，孩子就会形成思考探索的习惯。所以，大人们一定要认真对待。

建议

欧美语系的语言交流，多是以“为什么”“怎么会”为基础的。欧美人在表达自己意见的时候一定会阐述理由，这并不是因为欧美人比日本人天生具备思维的能力。欧美国家的孩子也和日本孩子一样，小时候也是“为什么”“怎么会”不离口。但欧美人对待孩子提问的态度是欢迎的，而日本社会对孩子的问题却持既“不肯讲道理”又“不愿争辩”的态度。所以孩子们的思考能力很难得到锻炼。

顺着“为什么”“怎么会”寻找原因、展开对话，你就会掌握以原因为中心的英语式的交谈要领。

14 ××该怎么办？

“六年级的送别会该怎么办好呢？”

“运动会该怎么办好？”

当要决定某件事情的时候，你有没有向别人提出过这样的问题，或者听到过别人提这样的问题呢？“该怎么办好”中的“怎么”，包含的范围太大而有很多不确定性。如果主持者问“该怎么办好”，而在座的听众并不能准确地理解主持者真正的意图时，大家就会按自己的理解作答。这样必然会蹦出五花八门的意见，而主持者若不能把这些意见统一，就会导致混乱的结局。

在提出问题之前，主持者应该把要问的具体事项考虑清楚，分成一个一个具体的小问题来发问。提出问题的基本要素遵循“5W1H”规则，这样不仅可以简单地归纳出问题，也方便被提问者理解和回答。

(1) 想得出什么结论？（主持者的立场）

▶ 大家的意见各式各样，让主持者没办法统一，不知该如何是好。

(2) 怎么回答好呢？（主持者之外的人的立场）

▶ 因为主持者提的问题太宽泛了，回答的人就会摸不着头脑。大家只好按自己能想出来的办法随意回答主持者的提问。

(3) 主持者要把向大家提问的内容具体化

关于六年级的送别会，我要具体向大家问些什么内容。

1. 我们要不要开六年级的送别会。
2. 六年级的送别会定在什么时间开。
3. 在哪儿开送别会。
4. 参加送别会的人都有谁。
5. 在送别会上要做什么。
6. 要不要给六年级的学生送礼物。
7. 送别会的准备工作该如何进行。

(4) 主持者如果把问题具体化，待决定的事就会一件一件很快被确定

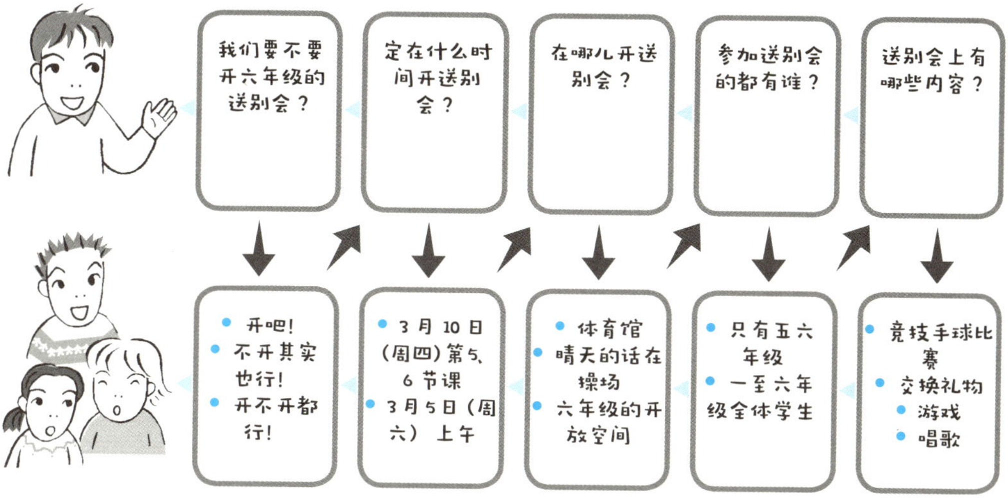

▶ 主持者把每一个具体事项都明确列出来提问，回答的人就不会犹豫不知该回答什么好。改变一下提问的方式，就能获得高效又有价值的回答。

建议

一般来说，问“×× 该怎么办好”，提问者很多时候都没有好好想过自己到底想问对方什么。这样一来，由于不了解自己到底想问什么，回答的主动权就交给了对方。但是，被提问的人并不了解提问者在想什么，于是就要使劲儿琢磨才行。

语言交流中理解、体谅对方的立场是非常重要的。若提出让别人不容易作答的问题，就不是一个体谅对方立场的问题。主持者改变自己的提问方式后，大家的意见就变得丰富多样，讨论的气氛也就更融洽。

15 那个怎么样啊？

“听说你去看电影了？那部电影怎么样啊？”

“听说你去美国啦？那儿怎么样啊？”

你有没有经常问上面这样的问题，或者被别人问类似的问题呢？“怎么样”一词包含了各种各样的内容，所以问别人“那个怎么样”就是一个范围很广的问句，被问到的人会不知从何处讲起，就会想到哪儿说到哪儿。如果提问者有明确的想要知道的事情，却用“那个怎么样”来笼统地提问的话，那就很可能得不到自己想知道的信息。

问别人问题时，最好把要问的内容具体化，这样对方就会直白地回答你的问题。“5W1H”也适用于这种情况。

(1) 你想知道某些事情时

因为麻美的问题没有具体内容，所以夏子不知道自己应该回答什么才对。
夏子的回答不是麻美期待的答案。

(2)你是不是也会因为不知道该问些什么好，就随便问一下……

1. 因为是休息日，所以人特别多。
2. 我们是开车去的。早上 6 点出发，快 8 点到的。然后在那里一直玩到晚上，回到家已经 10 点多了。
3. 我最喜欢里面的灰姑娘城堡。因为我一直很喜欢“灰姑娘”的电影。
4. 晴天的话，玩“飞溅山”特别过瘾。
5. 麻美，你也一定会喜欢的，有机会去玩吧。

夏子非常热情，把自己想到的都告诉了麻美。
但是麻美想知道的真的是这些吗？

(3) 思考一下：自己想知道的、想问的具体是什么

关于迪士尼乐园，我都想问夏子些什么呢？

1. 从我们住的地方开车去迪士尼乐园要花多长时间？
2. 你买的是哪种票？有没有儿童票？是不是事先买票更好一些？
3. 你自己带了便当吗？
4. 周日会不会人很多啊？
5. 花车游行都有哪些？

▶ 这样一看，麻美想知道的事情和夏子回答的内容没有几个符合的。那么，麻美应该怎么样问才好呢？

(4) 提问的人问具体内容，回答的人回答所问的内容

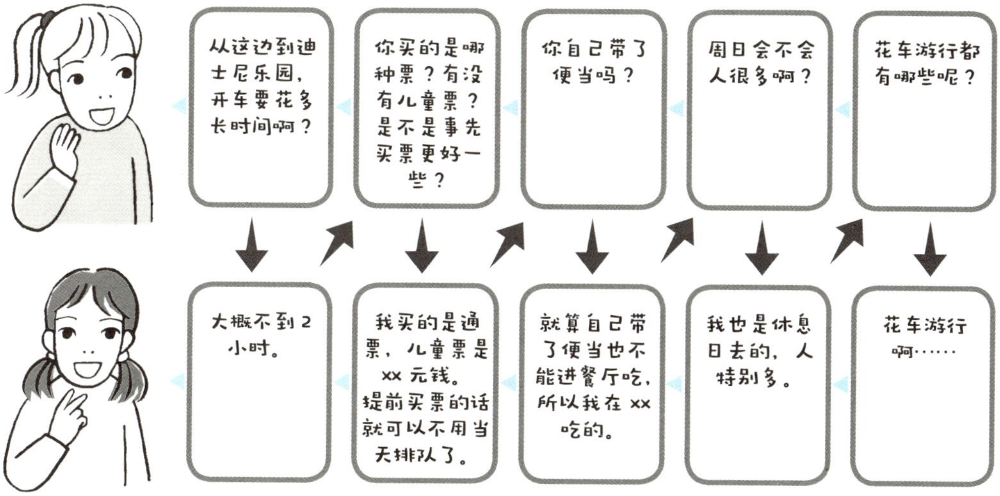

▶ 因为麻美把问题的内容具体化了，夏子就可以有的放矢地回答了。

建议

当你问别人“那个怎么样”的时候，如果是关系亲近的人，可能会对你知无不言。但即便如此，也不能保证你所需要的信息一定都涵盖在内。如果别人热心的回答却不是你想要的信息，那么对方知道了一定会失望。

和别人交谈的时候，正确的做法是先仔细想好要问的内容，再一项一项地提问。这样对方首先不会因为不知该答什么而混乱，同时也能更有针对性地认真回答你的问题。同时，提问者也可以通过这个方式，高效、准确地从对方那里获得自己想要的答案。把问题具体化，无论对自己还是对别人，都是可以提高交流满意度的重要条件。

16 不要答非所问

你有没有碰到过这种情况：向别人问话时对方不好好回答，或者刚好相反，自己没有按照对方的提问作答，而是扯到了其他话题上？

与人交谈，有点儿像棒球的接投球。你接到了对方投过来的球，但你却没有准确地扔回去，那么接投球就没办法继续下去。与人对话也是一样的道理。面对别人的问题，如果没有直接回答，而是拐到了别的方向，或是扯了些别的事情，那么最终这场对话就可能没什么收获。聊到最后也没了解对方到底在想什么。

交谈的时候，让我们用紧扣提问的方式来回答对方的问题吧。

(1) 冬美要问的事最后说到哪儿去了？

▶ 这组对话的问答是不是就跑偏了。日常生活中这种情况并不鲜见。回答的人并没有针对问题回复，这就等于把球投去了别的方向。

(2) 如果答非所问，话题就会越跑越远

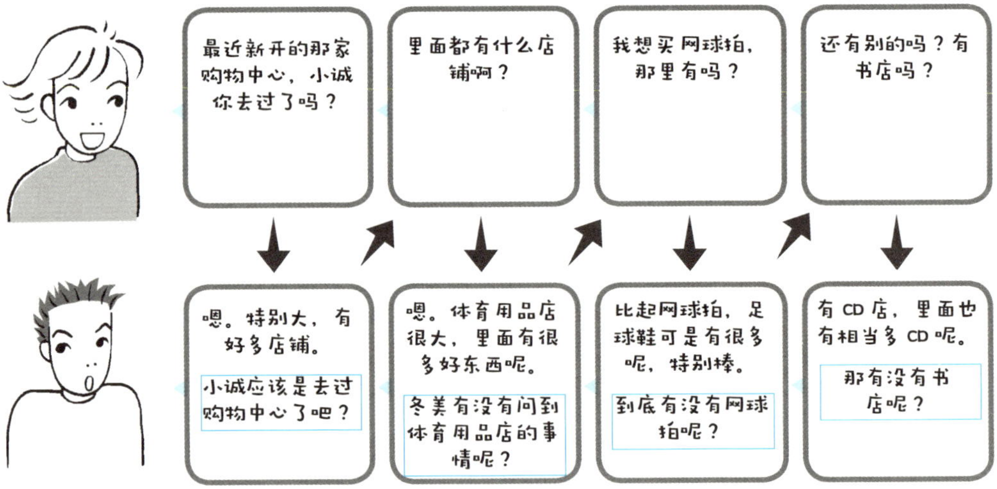

▶ 小诚对冬美的提问没有认真回答。
因为小诚总是答非所问，话题就越跑越远了。

(3) 问答对话就像投接球，对方的提问要听清楚

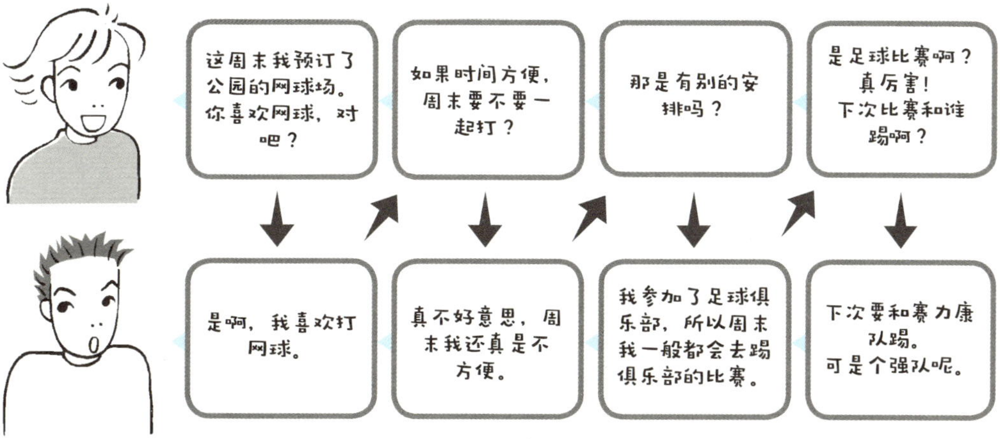

针对冬美的提问，小诚对每个问题都作了直线回答，这样的问答就顺畅合拍。
冬美每次都是根据小诚的回答，再展开新的问题。

(4) 关于购物中心的话题也紧扣提问回答，才能了解对方想知道什么

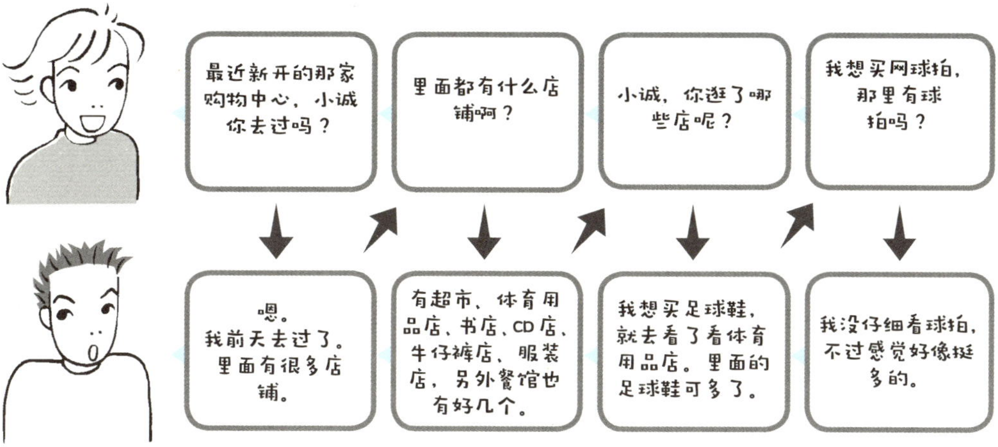

针对冬美的提问，小诚每个问题都作了直线回答，这样的问答就顺畅合拍。
因为是准确的直线回答，所以冬美从小诚那里得到了她想知道的信息。

建议

想进行准确合拍的问答，有以下几个技巧。

①提对方容易回答的具体问题。

②面对别人的提问，要直白清楚地回答。

③面对别人的提问，不要讲不相关的事。

④面对别人的提问，即便有相关联的事，也要适度展开。

⑤面对别人的答复，提问方可以根据回答的内容继续提出下一个问题。

掌握了这些技巧，你和别人的谈话就会有更多实实在在的收获。

实践篇

本章是用游戏的形式，展开问答练习。

17 是喜欢，还是不喜欢？

当被别人问到“你喜欢草莓吗”时，大多数人都会说“喜欢”或“不喜欢”，然后这个话题很可能就到此为止了。但你追问过“喜欢”或“不喜欢”的理由吗？如果你被别人提问，你是不是希望不用自己特意去解释，对方就能洞察你的心思呢？

日本人在交流时有一个共同倾向，就是不肯把自己所持意见的依据一并表达出来，只说完结论就结束谈话。这样一来，对方虽然明白你的意见，却很难深入了解你，以便得出该意见的依据，于是，想深入对话就没那么容易。自己为什么要这样主张，把理由阐述清楚，才能达成符合逻辑的表述。

要注意的是，所阐述的理由应符合逻辑，以及在表述自己的意见时，明确主语“我”，表示对自己的观点承担责任。

(1)你有好好想过对方的问题吗？

▶ 谈话如果在这里停下来，就很难再继续了。

(2)你有没有浪费掉一次好机会呢？

▶ 这样回答，恐怕就不会再收到对方的邀请了。

（3）来做个练习（喜欢）

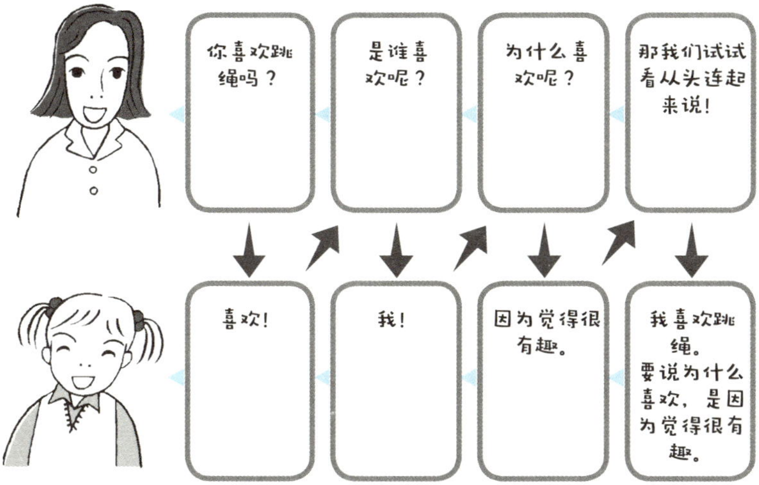

把短句整理成小短文的对话就是一种练习。提问的时候也一定别忽略了主语“你”。如果回答中没有出现主语，务必再问一遍来强调主语。

（4）来做个练习（不喜欢）

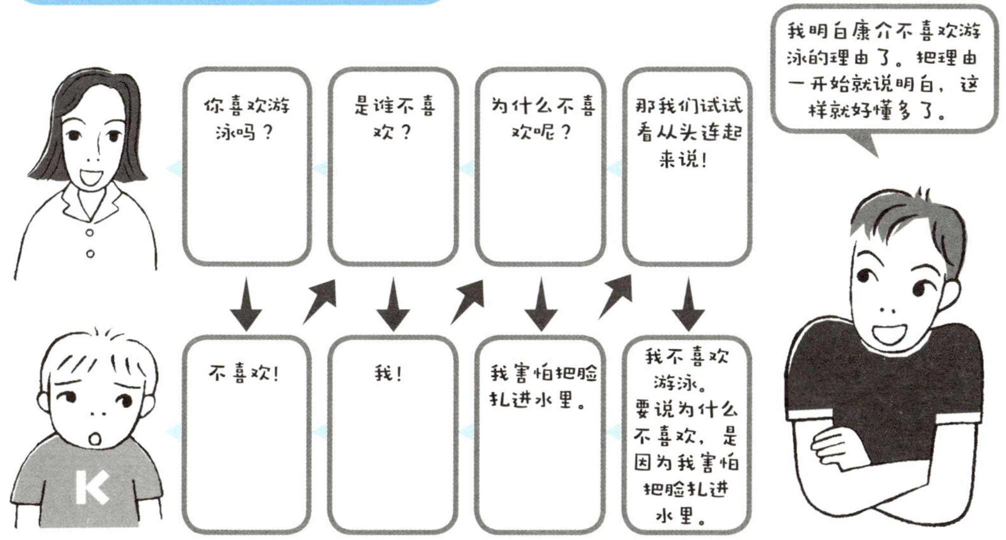

练习问题

◎回答下面的问题并说出理由。

1. 你喜欢咖喱饭吗？
2. 你喜欢玩藏猫猫吗？
3. 你喜欢学校吗？
4. 你喜欢下雨天吗？
5. 你喜欢暑假吗？

①如果孩子能把理由完整地讲出来，那么就这样来表扬他吧。

“了不起。能把理由讲得清楚明白，非常棒。”

“很棒啊。你讲得非常清楚易懂。”

②在阐述理由的时候，除了可以用“要说为什么”，还可以用这些方式表达。

“之所以这样……”“理由是……”“因为……”

18 站在对方的立场换位思考

就像我们每个人的长相各异一样，思维方式也各不相同。所以，交流的基本，就要以认同各自思维方式不同作为出发点。如果完全不顾对方的考虑，一味赘述自己的意见，那就无法达成好的交流效果。

如果把思考的角度换一下，站在持相反意见的对方立场来思考一下。随着视角的改变，你就更容易理解与你有不同意见的人为何会这样想。这样一来，你会注意到他人与自己思考的不同之处。也许可以意识到自己陷入了片面的思考中，从而纠正过来。

刚开始练习换位思考时，可能不会有什么新发现。但经过不断的练习，你一定会有越来越多的新观点在脑海中浮现出来。

(1) 你有没有把自己的想法强加于人？①

(2) 你有没有把自己的想法强加于人？②

（3）来做个练习

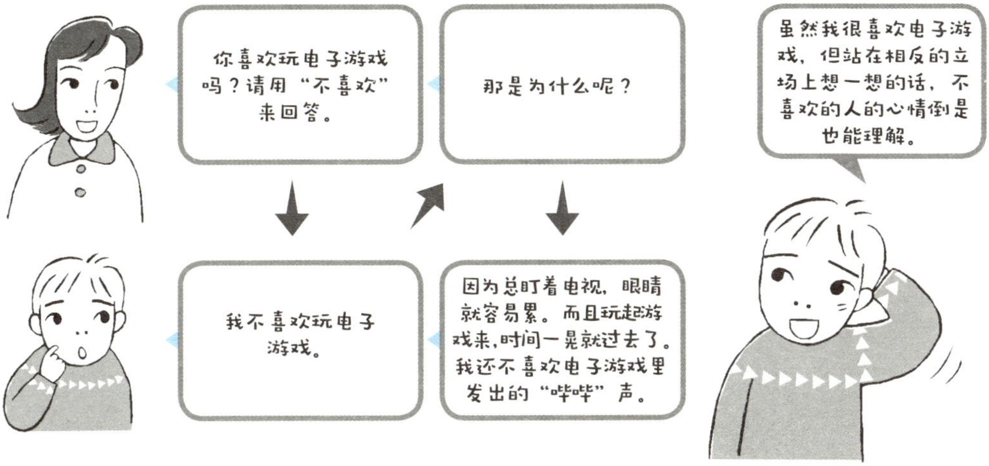

（4）来做个练习

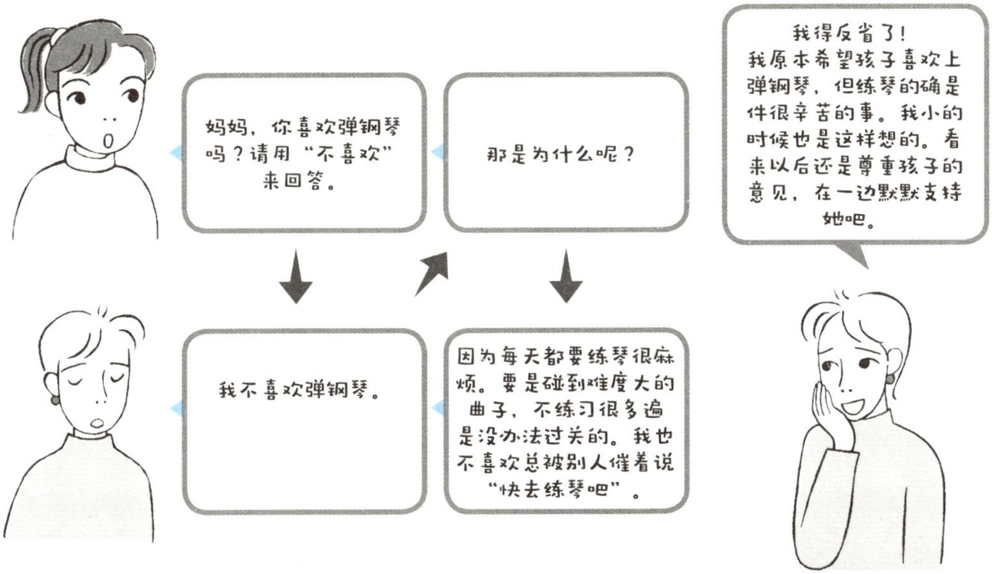

练习问题

◎请用“不喜欢”来回答。

1. 你喜欢吃冰激凌吗？
2. 你喜欢在外面玩吗？
3. 你喜欢看漫画吗？
4. 你喜欢圣诞节吗？

◎请用“喜欢”来回答。

1. 你喜欢做作业吗？
2. 你喜欢吃青椒吗？
3. 你喜欢雨天吗？
4. 你喜欢去高的地方吗？

站在相反的立场考虑问题，不仅可以理解反对一方的理由，也能对自己的想法认识得更全面。因为，如果只从一个角度考虑问题是片面的，而从两个角度考虑的话，所了解的理由就会更立体。通过练习站在反对立场思考的方式，就可以具备复眼式的看待事物、思考问题的能力。

19 把讲话内容分成“123……”的顺序记述

不知道你在跟别人交谈时有没有碰到过这种情况：有时完全听不懂对方想说什么，或是听了洋洋洒洒一大篇却还没完没了。为什么会这样呢?

举个例子，我们去蛋糕店买蛋糕，如果我说“我要草莓蛋糕、巧克力蛋糕、栗子蛋糕……”一直这样说下去的话，店里的人可能会不知所措：“到底该拿多大的盒子呢？”但如果我一开始就说“我要 10 块蛋糕”的话，店里的人就会先准备好放 10 块蛋糕的盒子，再一块一块取。最开始把总量告诉对方，对方就会更容易做出相应的准备。这个方法在语言交流中也同样适用。

下面，我们来练习用顺序记述法把我们要表达的内容整理归纳起来。

（1）搞不清楚他想说什么

（2）她的话要说到什么时候啊

（3）来做个练习

（4）来做个练习

练习问题

◎回答下面的问题，并阐述 2 个理由。

1. 你喜欢巧克力吗？
2. 你喜欢玩竞技手球游戏吗？
3. 你喜欢动物园吗？
4. 你喜欢看电视吗？
5. 你喜欢跳绳吗？
6. 你喜欢猫吗？

把想说的内容事先编上序号，这就等于给了对方一个发言总量的预告。有了心理准备，对方听到下面的谈话就更轻松了。

而且，把自己要说的话整理排序后，说话一方的思路也会更加清晰，更容易让对方理解自己的意思。这也可以说是对倾听者的体谅和关照。

20 想从事什么职业，不想从事什么职业？

“你长大了想从事什么职业？”

不知道你是不是也被问到过这类问题。如果你已经是大人了，小时候是不是也被人问过同样的问题呢？那时你回答了吗，又是怎么回答的呢？

足球运动员、钢琴老师、芭蕾舞演员、新闻记者、老师、棒球运动员、医生、空乘人员、飞行员……想必你一定有很多想成为的人，或是想尝试的职业吧。

但是，你想过为什么想从事这个职业吗？既然你憧憬这个职业，那么一定有你自己的具体理由。

那么，我们就来练习一下，好好思考、整理一下你向往这个职业的理由。

(1)你想过长大以后做什么吗？

(2) 思考一下翔太为什么想成为足球运动员

1. 我喜欢运动。
2. 足球是全世界流行的运动项目。
3. 运动员们在球场上比赛的样子特别帅。
4. 我的梦想是长大以后去国外看看，足球可以帮我实现。
5. 我想踢世界杯。
6. 我很擅长踢球。
7. 我喜欢琢磨比赛中怎么打战术配合。
8. 我觉得比赛时瞬间对局面做出判断是很有趣的事。
9. 射门得分时的感觉实在太棒了。
10. 我希望能和前锋心有灵犀，我的传中能让他成功得分，光想一想就很激动。
11. 要 11 个人一起配合来赢得比赛实在是很有趣的事。
12. 思考、行动、战术组合，这就是足球的魅力！

(3) 让妈妈再问翔太一次

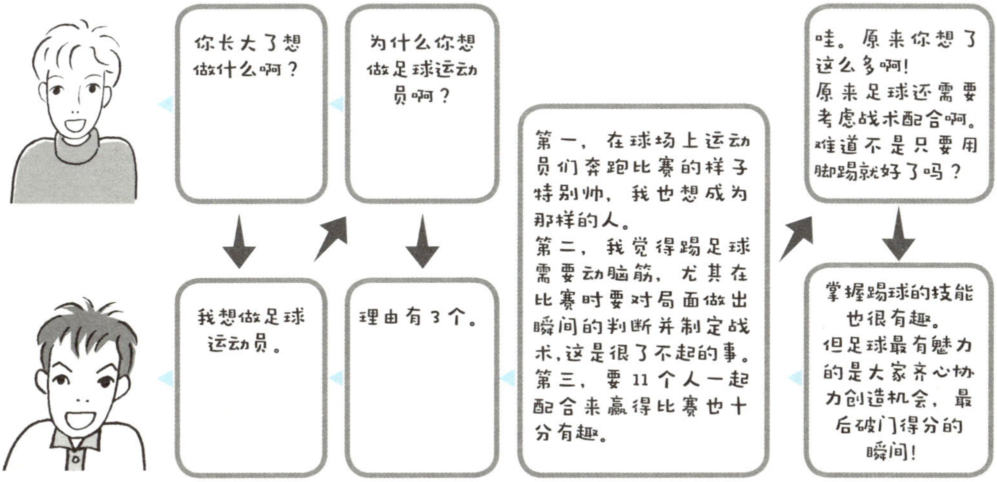

(4) 让妈妈也问一下妹妹的志向是什么

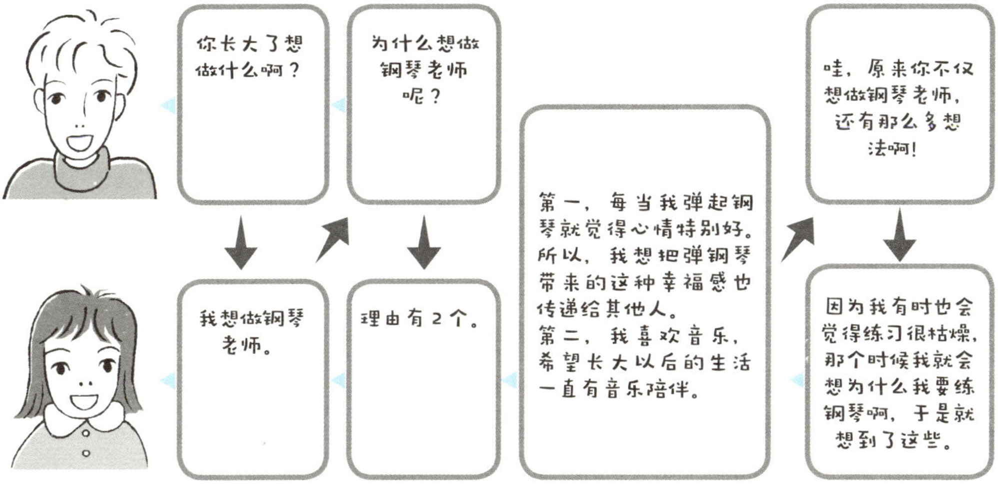

练习问题

◎请想好理由再回答。

1. 你想成为足球运动员吗？

2. 你想成为棒球运动员吗？

3. 你想成为空乘人员吗？

4. 你想成为钢琴老师吗？

5. 你想成为学校的老师吗？

6. 你想成为医生吗？

把上面问题中想成为的职业替换成各种社会角色来练习。仔细分析自己为什么想成为他（她）或不想成为他（她）的理由后，就会发现这个职业真正吸引你的魅力所在。

21 你喜欢哪边？

如果你问别人“A 和 B 你喜欢哪个”，可能经常会听到“因为我不喜欢 B，所以我喜欢 A”这样的回答。其实，这类单纯的排除法式的回答是没有好好思考的结果。

当然，有人也会举出好几个不喜欢 B 的理由，却举不出喜欢 A 的理由。像这样的回答，严格说就不能算是对“你喜欢哪个”这一问题的答案。为什么这样说？因为它完全没有把喜欢 A 的理由传达给对方。

被问到“你喜欢哪边”时，应该先把喜欢 A 的理由积极地表达出来，然后才是不喜欢 B 的理由。这样一来，不仅给出了一个更有说服力的答案，还能让你的表达更有魅力。

(1)你听懂他喜欢A的理由了吗？

喜欢A是因为不喜欢B，这其实也算不上是喜欢A的理由吧。

(2)这样排列理由的顺序对吗？

在表达喜欢A的理由之前，如果先说了不喜欢B的理由，那么对方的注意力就会被“不喜欢B”这件事转移。

(3) 来做个练习

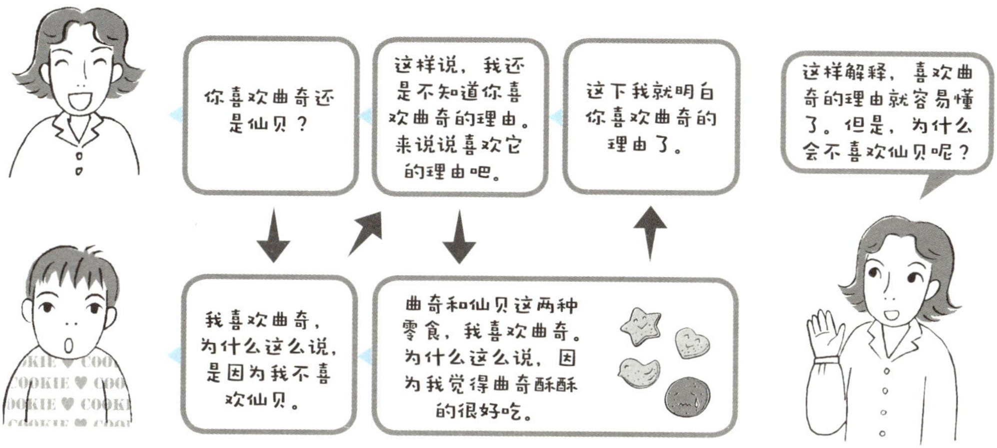

(4) 来做个练习

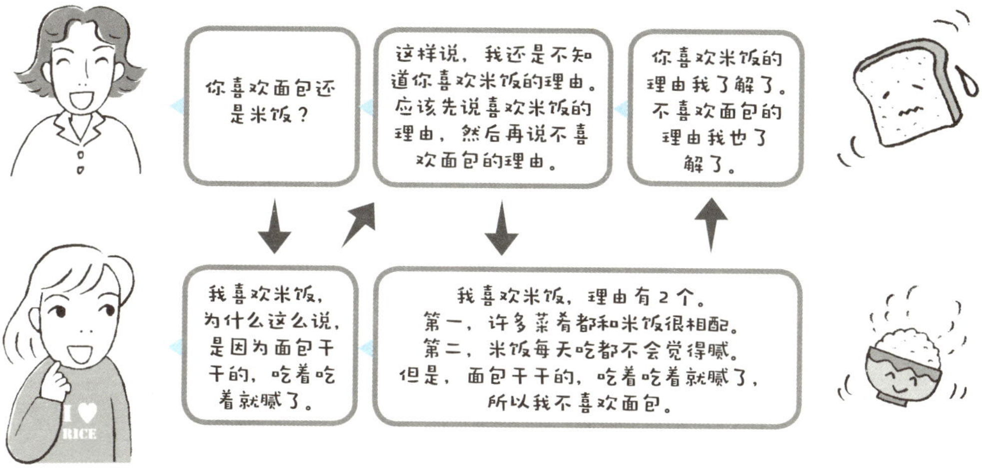

▶ 先说别人所问之事的理由，更容易给对方留下好印象。

练习问题

◎你喜欢哪个？来说说理由。

1. 苹果和橘子，你喜欢哪个？

2. 棒球和足球，你喜欢哪个？

3. 动物园和水族馆，你喜欢哪个？

①用同类的不同事物来做对照，在给自己出题时尽可能找相似点多的事物为例。

②虽然是很相似的事物，但总会有不同之处，找出它们的不同是这个练习的目的。

同时，这个训练也给我们提供了一个好好思考事物本身独特之处的机会。要注意的是，如果例子 A 和 B 是完全不同的事物，就没法做比较。比如下面的例子。

“T 恤衫和裤子你喜欢哪个？”

T 恤衫是穿在上面的衣服，裤子是穿在下面的衣服，没什么可比性。不如换成“T 恤衫和衬衫”或者“裤子和裙子”。

22 你选哪个？

如果你被问到“你喜欢猫还是喜欢狗”与“如果让你养宠物，你是喜欢猫还是狗”时，要注意，回答这两个问题的出发点是完全不同的。

回答“你喜欢猫还是喜欢狗”时，基于自己的主观理由来回答就可以。比如“因为狗很可爱，还通人性”或是“因为猫毛茸茸的，摸起来很舒服”之类的回答。

但是，如果加上“如果让你来养宠物”这个前提的话，你就必须考虑家里居住的情况、家人的喜好，以及家人会不会过敏等诸多客观条件。

喜欢还是不喜欢，是主要由感情、感觉等主观意识决定的行为。但“选择”则是要被客观、伦理所左右的行为。所以，在被问到“你选哪个”时，主观和客观的理由都列举出来才更有说服力。

（1）“喜欢”和“选”是不一样的

“喜欢”只是有感情色彩的理由。

（2）没有说出有说服力的理由

“酷”“轻松”都是有感情色彩的理由。

（3）来做个练习

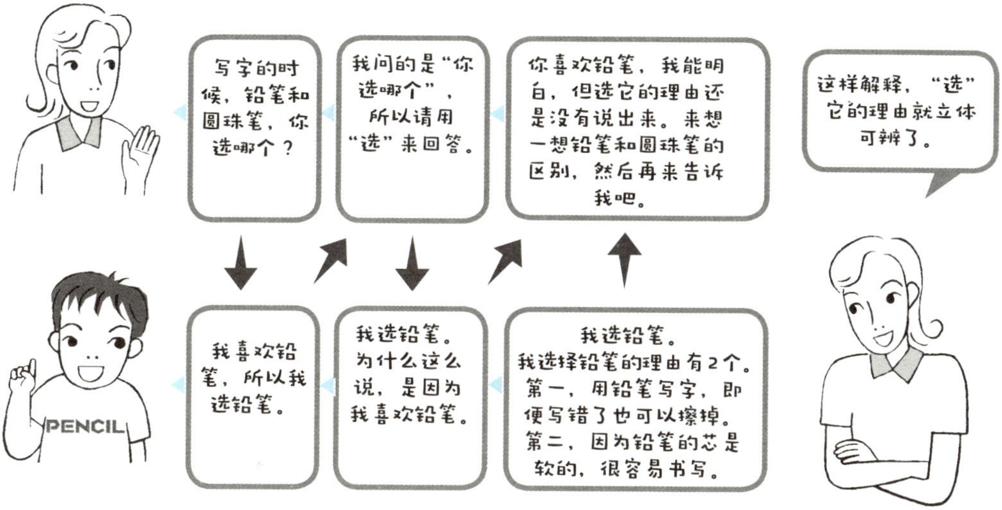

（4）来做个练习

练习问题

◎下面各题中的 2 个选项你选哪一个，并说说选它的理由。

1. 吃炸猪排的时候，你是用筷子，还是用刀叉？

2. 运动后，你是喝大麦茶还是苏打水？

3. 假如出生时能够自己选择性别，你是希望做男性还是女性？

◎也可以尝试一些怪怪的问题。

1. 雨天里，你愿意踢足球还是打棒球？

2. 下雨天出门，你会选择穿开孔的雨鞋还是没开孔的雨鞋？

在选择时，如果孩子按照自己的喜好给出答案，要告诉他，只靠自己的感受和主观印象给出的理由还不充分。家长需要引导孩子对选择原因做客观、具体的分析。

23 “5W1H”

在表述自己的观点时，不要犯过犹不及的错误，即自己想说的部分叙述过多，反而忽略了“5W1H”基本要素。

“5W1H”指——

When——什么时候发生的？

Where——在哪儿发生的？

Who——和谁有关？

What——发生了什么？

Why——为什么会变成这样？

How——是怎么做才变成这样的？

如果谈话中没有“5W1H”这些要素，对方可能就需要费点儿脑筋才能理解你的意思。

想让交谈更高效、顺畅，说话一方就要时刻注意不要漏掉“5W1H”。听话一方也要留意接收“5W1H”信息以减少误解，如果发现有漏掉的要素应及时提出。养成这样的习惯，谈话就会更有收获。

（1）忽略了“5W1H”，想表达的意思就无法正确传达

（2）做1分钟演讲的时候也别忘了“5W1H”

（3）来做个练习

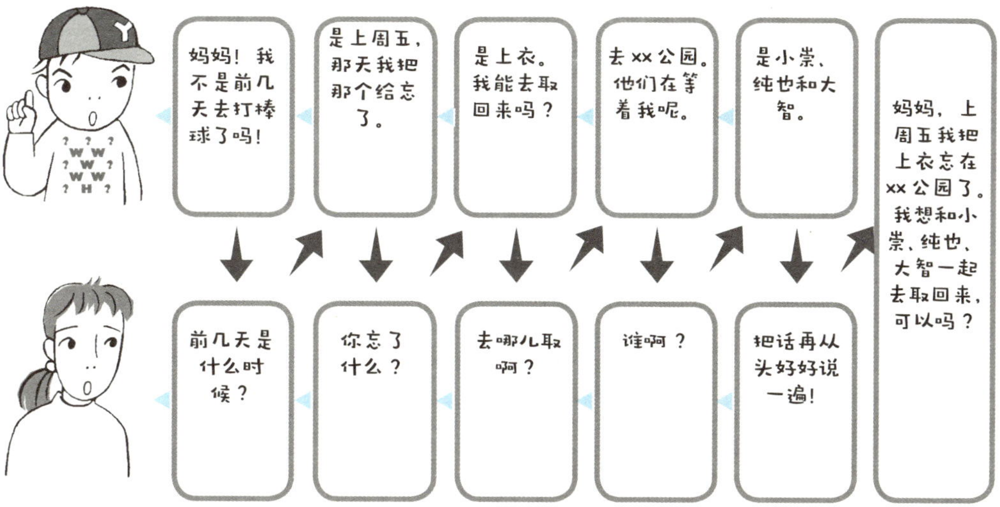

（4）来做个练习

用“5W1H”来整理一下自己的演讲内容

什么时间…………
之前的周日
在哪儿…………
xx游乐园
和谁…………
和爸爸妈妈
做了什么…………
坐了过山车、卡丁车和观光车
为什么…………
坐了3次过山车，特别过瘾
怎么样…………
冲下山坡的速度太快了，好紧张

建议

你在听孩子讲话时，是不是会习惯性地把孩子漏掉的部分补上呢？这种时候，善于察言观色的爸爸妈妈对孩子来说并不是好事，孩子会因此不去努力思考怎样才能把自己的意思讲完整。

每次听孩子叙述的时候都要反复追问“什么时候？在哪儿？和谁？做了什么？为什么？怎么样？”，这样孩子们就可以对“5W1H”重视起来。如果有时间的话，最好能让孩子把补充后的句子再完整地表述一遍。

24 我想要 ××

“我想买这个，给我买这个。”

“那个 ×× 我特别想要，而且大家都有。”

你有没有也像上面这样央求爸爸妈妈买东西呢？这其实并不是在央求，而是“任性”“软磨硬泡”“撒娇耍赖”。只靠这些，你想要的东西不一定能到手。你有没有考虑过“我是不是真的想要”“我为什么想要”这些理由呢？

为了获得你想要的东西，你就需要拿出有理有据的理由去说服大人。好好地思考前因后果，然后再把对自己有利的理由说出来，这样就会让说服力倍增。

(1)难道不是你自己太任性吗?

(2)难道不是你在撒娇吗?

(3) 来做个练习

妈妈！请给我买辆新自行车吧！

为什么啊？你现在的自行车不是还能骑吗？

因为大家现在都骑山地车了！

那你现在的自行车有什么问题吗？

其他人骑车的时候我追不上他们，我就会被落下。

要是换了山地车就会不一样吗？

山地车有好多挡位可以换，更容易加速，而且坑坑洼洼的路走起来也很轻松！

是这样啊。所以你才想要换山地车吧。那你再从头说一遍吧。

妈妈，请给我买辆新自行车吧。我想要一辆山地车。为什么说想要山地车呢，是因为骑现在的自行车追不上同伴，会被小伙伴落下。而山地车有好多挡位可以换，更容易加速，坑坑洼洼的路走起来也很轻松！

(4) 来做个练习

妈妈！我想要一个新包！有一个特别想要的！

如果你想说服妈妈的话，你得给我个像样的理由才行。

妈妈，我为什么想买新包，理由有2个。
第一，我现在用的包已经旧了，有些地方磨破了，金属扣也快掉了。
第二，现在，在女孩子中有一个特别流行的包，可班里没有那个包的人就只有我了。

原来如此，你想要的理由我了解了。那你要拜托我，是吗？

妈妈，拜托了。请给我买那个新包吧。

无论如何都想要的话，那就需要给人更有说服力的理由才行。

练习问题

◎把○○部分替换成下面的词语来练习。

我想要○○。

我无论如何也想要○○。

1. 新的电视游戏盘
2. 漫画书
3. 新的足球

①“我想要○○”“我想做○○”，孩子们想要的事物成千上万。把○○部分空出来，让孩子自己思考一下想要什么，一定会有很多有趣的收获。

②在少子化的日本社会，越来越多的家长对孩子们的要求答应得过于爽快。

孩子们理应通过语言传达自己的意志，但家长却过于简单地满足了孩子，这其实是在剥夺孩子表达诉求的机会。家长要通过交流来确认孩子意志的强弱程度，进而培养他们的诉求能力。

25 我需要××

“我想要银色的颜料。”

“我需要银色的颜料。”

你平时有没有把这两句话不加分辨随意混用呢？这里我想问大家：都是向对方表达要的意思，“想要”和“需要”这两个词，究竟有什么不同呢？

使用“想要”一词，完全是以自己的主观意识为出发点。为了满足感性的需求或期待而想得到某事物时，用“想要”。与之相对，“需要”则多见于不被主观意识左右的情况，有可能是你被其他因素影响，才会有这样的“需要”。是什么样的情况而需要，或是为了什么而需要，再或是被谁吩咐而需要，这些具体情况都需要传达给对方才能增强你的说服力，才可能让对方理解和满足你的要求。

(1) 你有没有搞懂“想要”和“需要”的区别？

(2) 想得到需要的东西就要阐述具体理由

(3) 来做个练习

妈妈，给我买一个2升的水壶吧！踢球的时候需要！

真的需要吗？难道不是你自己想要？家里现在的水壶不是也够用吗？而且家里还有好几个呢。

夏天了，天气很热，我们在太阳底下踢球要一直喝水。现在家里的水壶都不够大，只有我总是水不够喝，要跟别人要。所以真的需要一个2升的水壶。

原来是这样啊。我明白了，原来是需要大量补充水分。不过，家里有那么多水壶，你带2瓶水不是就够了吗？

妈妈，我每次都是骑车去踢球。光是带上足球、球鞋、毛巾，再加上一个水壶，书包和车筐就都满满的了。所以，还是给我换成2升的水壶吧。

如果是这样的话，那我就明白了。不是你自己想要新水壶。确实有必要的话，妈妈就买给你。

(4) 来做个练习

妈妈，我想要一台自己专用的电脑。真的非常需要。拜托了，给我买吧。

你无论如何也想要一台电脑的话，得有充分的理由说服妈妈才行。

妈妈，我是真的非常需要一台自己专用的电脑。理由有3个。第一，因为现在学校的学习有越来越多需要查询的内容，需要频繁地用到电脑。第二，爸爸有一些工作用的重要文件在电脑里，我用电脑时爸爸总怕我把他的文件弄丢，所以他不愿意让我用。第三，电脑总是被爸爸占着，我几乎都没有时间用。所以，请给我买一台我自己专用的电脑吧。拜托了！

如果是这些原因的话，理由的确很充分。我去跟你爸爸商量一下！

练习问题

◎把○○部分替换成以下词汇。

我需要○○。

我无论如何也得要○○。

1. 手表

2. 新颜料

3. 新的白衬衫

①○○的部分也可以让孩子想其他事物来替换。

②当孩子说出“我需要”的要求时，爸爸妈妈应该故意装作想不明白为什么需要。有时也可以先以“同意”为前提，诱导孩子讲出需要的理由。如果孩子能把理由讲得充分到位，那就应该给予表扬和鼓励。这样积累下来，孩子交流能力的萌芽就会日渐茁壮。

26 理由的内涵：有趣的内涵

如果别人问到“你为什么喜欢剑道？”，你会不会简单回答一句“我也不知道”“我也没好好想过”或是“因为很有趣”就完了。这样的回答完全无法向对方传达你喜欢它的理由。

当被别人问到理由的时候，“有趣”“没意思”这类答案所表示的是你对它的印象和感想，是无法充当喜欢或不喜欢的论据的。

如果你对它抱有“有趣”“没意思”的印象或感想的话，那就分析一下它为什么会给你带来这样的主观感受。经过分析，你就可以发现印象、感想后面的内容，这才是真正的理由。

（1）你说的只是你的感受吧

▶ 说“有趣”无非是在表达你的感想或印象。

（2）把有趣的内涵全方位解释出来

有趣的内涵

1. 跳绳有很多花式跳法（双摇，编花，连续编花，后双摇跳）。
2. 一个人也可以跳。
3. 可以很多人一起跳。
4. 可以按自己的节奏跳。
5. 可以在跳绳中学到各种技巧。
6. 可以挑战连续不断地跳。
7. 哪里都能跳。
8. 什么时间都能跳。
9. 可以和朋友比赛。
10. 可以锻炼身体。
11. 在很小的地方也可以跳绳。
12. 可以挑战高难度技巧。

（3）来做个练习

你喜欢跳绳吗？

为什么你觉得跳绳有趣呢？哪里有趣呢？

都有什么技巧呢？

那你又会哪些技巧呢？

还有其他有趣的地方吗？

继续……

我喜欢跳绳。为什么说喜欢呢，因为跳绳很有趣。

因为可以掌握各种技巧。

前双摇，后双摇，编花跳，连续编花，双摇编花……

我会编花和前双摇。

不论什么时候，不论在哪儿都能跳。

继续……

（4）来做个练习

我想退出乒乓球俱乐部。

要说为什么，因为我觉得没意思。

为什么不打乒乓球了？

为什么没意思啊？哪里没意思了？

没意思的内涵

1. 打球的人太多了。
2. 总打不到球。
3. 水平没什么提高。
4. 球桌只有2台。
5. 教练教得不是很认真。
6. 我的个性不适合打乒乓球。
7. 一直在捡球。
8. 一直在练习用球打墙。
9. 几乎没参加过比赛。
10. 没有伙伴和我一起打。

▶ 好好考虑一下，“没意思”的理由不就一目了然了。

建议

孩子在说“有趣”“没意思”这类感想的时候，爸爸妈妈应该多问一句为什么会这么想，把这么想的理由引导出来。一开始孩子们可能会觉得麻烦、不耐烦，但慢慢地，就会乐于思考其中的内涵。爸爸妈妈越是锲而不舍地追问这个理由，孩子越会对事物展开深入的思考。追问理由的过程，就是培养逻辑思考的重要方法。

在追问理由内涵的过程中，首先要从孩子的主观印象出发，然后不断追问“为什么”“哪里”“怎么”，以这些为主线，反复提问才能达到训练目的。

27 据说××：是事实，还是意见？

樱花是日本的国花——这是事实。

樱花很美——这是意见。

你在平时说话时，是否也意识到它们的不同？

如果你说“因为 A 说 ×××，所以我也觉得 ×××”，那么这句话里，你能区分哪些是事实、哪些是意见吗？

“A 说 ×××”这是你听到的事实。“我也觉得 ×××”这是你的意见。看到的、听到的、真实发生的事，这些都是事实。感觉到的、想到的，这些都是意见。

家长要培养孩子从小把客观事实和主观意见区别对待的思考习惯。重要的是搞清楚这话是谁说的、是哪里写的、是从谁那里听来的，或者这是你自己想的，找到它的出处，就等于找到了这句话的责任者。

（1）你能区分出这里面的事实和意见吗？

妈妈，田中可真棒啊。他告诉我，他上小学一年级时去了美国，在那儿待了4年。据说英语说得可流利了。我虽然没听他说过，不过那也很厉害啊，真让人羡慕！
据说前几天AET的老师来的时候，田中在大家面前跟AET的老师说话来着。那天刚好我休息了。据说田中还能把英语翻译成日语，真是太帅了。田中说他当时住在洛杉矶，他说美国什么东西都很大。我也好想去美国看看啊，要是我也会说英语就方便多了。

田中讲的英语有谁听到了吗？

* 注：AET（Assistant English Teacher）指以英语为母语的外国人助手。

（2）试着梳理一下事实和意见

我好像把从田中那里听来的、从别人那里听来的、自己感觉到的事和自己想到的事都混在一起了。

自己确认过的事实	从他人那里听来的事实	自己的意见
• 田中上小学一年级时去美国待了4年。 • 田中当时住在洛杉矶。 • 美国什么东西都很大。	• 英语说得很流利。 • 前几天AET老师来的时候田中在班上同学面前跟AET老师说话了。 • 田中会把英语翻译成日语。	• 田中很棒。 • 我很羡慕他。 • 田中太厉害了。 • 我也想去美国看看。 • 我要是会说英语就方便了。

(3) 把事实和意见整理好再说

像问话的人和回答的人这样，把事实和意见分开来说吧。

(4) 来做个练习

（水平 1）

下面的例子是事实，还是意见？

1. 电子游戏很有意思。
2. 富士山是日本第一高山。
3. 足球是由 11 人组队进行的竞技运动。
4. 短裙是女性的服装。
5. 我昨天去学校了。
6. 富士山很美。

（水平 2）

下面的例子是事实，还是意见？

1. 这本书中说，他在美国出生。
2. 晚报是晚上送来的报纸。
3. 爱迪生是伟大的发明家。
4. 在《×× 图鉴》中写道，雪花的结晶很美。
5. 打针很痛。
6. 小学生晚上不能睡太晚。

建议

事实只有一个，但每个人的意见各不相同。因为每个人都拥有独特的个性，所以想法、感受有差异是理所当然的。让孩子理解每个人的想法各不相同也是非常重要的功课。是否能够区分事实和意见，决定了孩子今后能否具备敏锐的辩证力、判断力和批判力。

< 练习问题的答案 >

（水平 1）

1. 意见 2. 事实 3. 事实 4. 意见

5. 事实 6. 意见

（水平 2）

1. 事实 2. 事实 3. 意见 4. 事实

5. 意见 6. 意见

28 说出自己的意见：赞成或反对①

“关于在孩子房间里放电视这个做法，赞成还是反对？”

如果班会上有这样的讨论议题，你的态度是“我赞成，不过也反对……”这样模棱两可。如果主持人说：“赞成的人请举手。”你看到周围的人都举手，自己也把手举了起来。再后来，问到理由时你说“因为大家都这样说”“大部分情况是这样的”“总之，我也这么觉得……”。

不知道你有没有与以上假设场景相类似的经历呢？这种状况下你就不能算是参加了议题讨论。因为讨论就是要听到每个人的意见，而你却没表明自己的想法。

表达自己意见的第一步是明确立场，然后是阐述自己所持意见的依据。接下来，我们来练习如何把自己的见解自信地表达出来。

（1）明确自己的立场

（2）思考自己所持意见的根据

（3）来做个练习

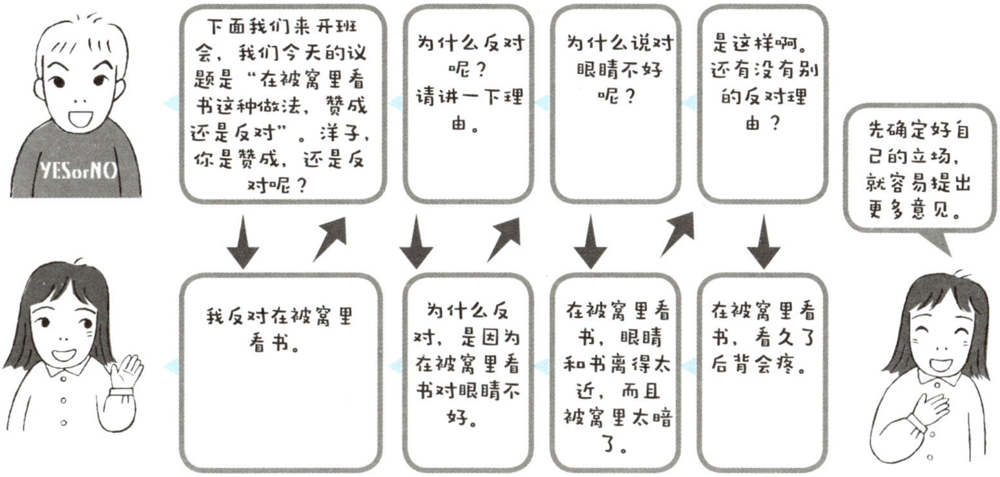

（4）来做个练习

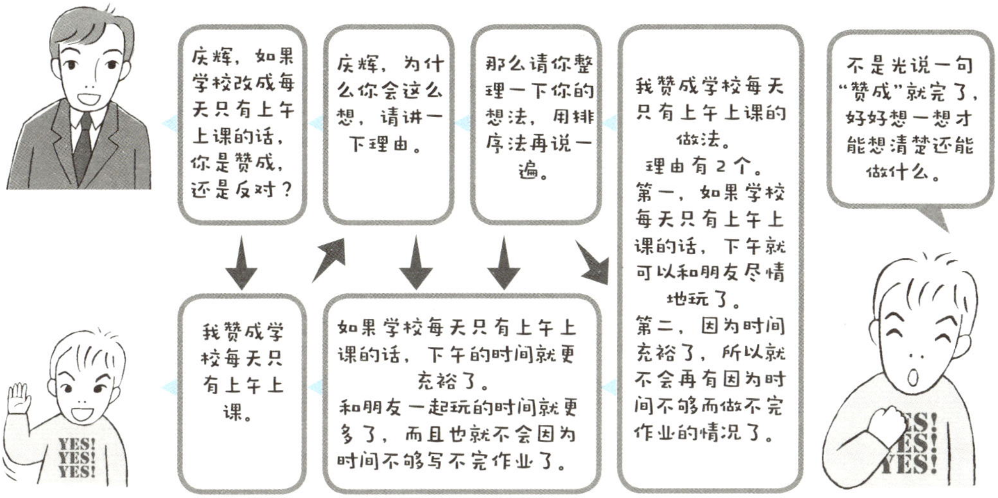

练习问题

◎ 是“赞成还是反对”，来说说自己的意见。

1. 关于学校的午餐，把学校配餐改成自带便当，赞成还是反对？

2. 一直以来都是 4 月为新学年起始，现在改为 9 月为新学年起始，赞成还是反对？

3. 学校不留作业，赞成还是反对？

我们都是在交谈中了解对方的想法或认识到对人的误解的，这是日常生活中经常发生的事。即便是在家人中，意见相左也不足为奇，要把不同当作正常现象来认识，并养成有什么事就交换意见的习惯。

其实，在家里也会有很多值得讨论的议题，碰到的任何问题都可以当作议题，把各自“赞成或反对”的理由讲出来，积极地讨论一下。

29 说出自己的意见：赞成或反对②

在和别人讨论时，你有没有只顾说自己的观点，却听不进别人意见的时候。

如果有的话，那么只能说你失去了一次可以更多了解对方的机会。对方是站在什么立场，用什么理由来反对你的；你的意见是不是绝对正确；对方的意见中，是不是有你没考虑到的部分。

在和对方辩论之前，先让自己站在对方的角度来考虑一下。如果对方能感觉到你是出于想更多了解自己的观点而辩论的话，就能带来更高质量的辩论成果。而且，通过了解与自己相异的意见和它的根据，你就可以对自己原本的观点做更深入的思考和审视。

（1）你们有没有站在相反的立场考虑过呢？

（2）站在相反的立场看问题，自己原本所持的观点就可以得到反向论证

（3）来做个练习

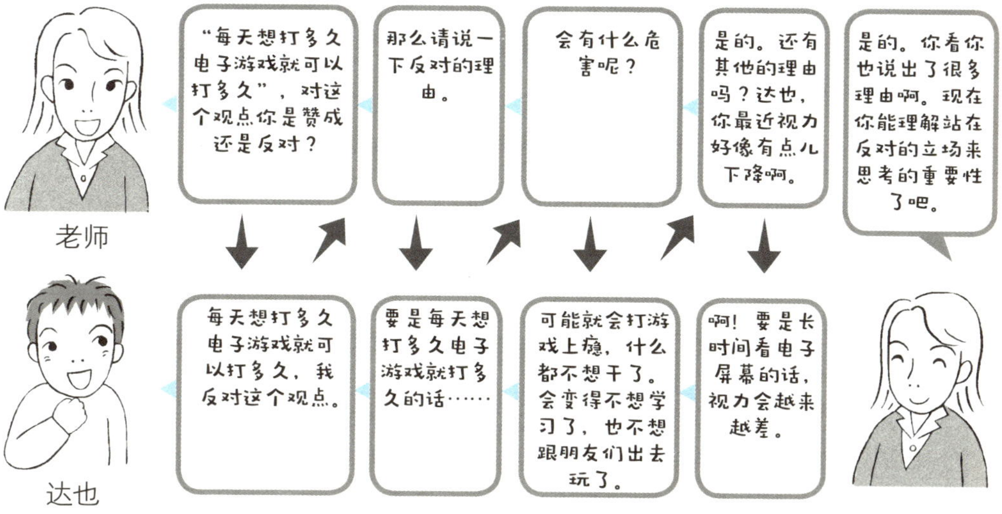

（4）来做个练习

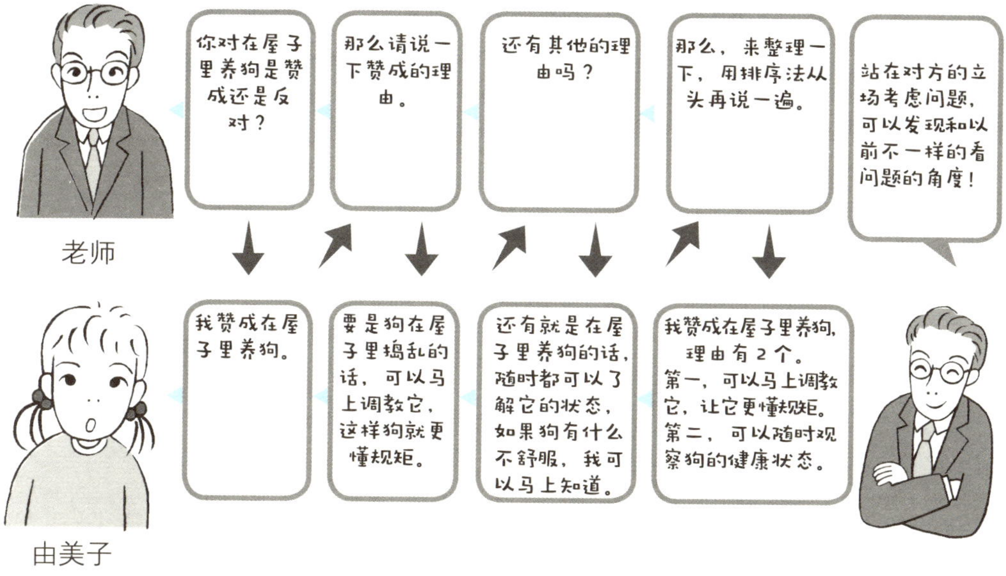

(1) 上来就反驳对方的意见，交谈就很难进行下去

▶ 因为翔武一上来就反驳孝太郎的意见，谈话的气氛就变僵了。

(2) 做讨论时，如果一上来就否定对方，讨论就很难展开

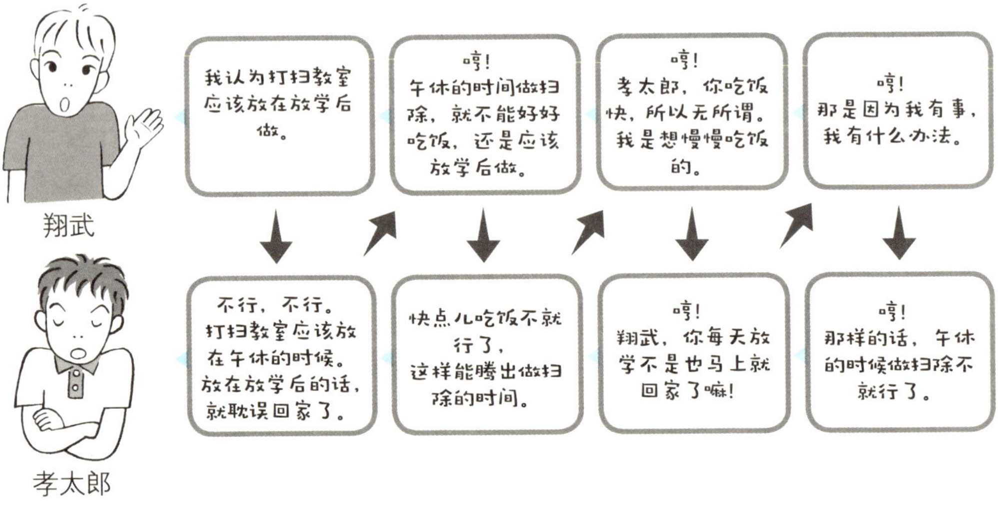

▶ 因为双方都不想接受对方的观点，结果原本的讨论就逐渐变成了争吵。

（3）先接受别人的观点，然后表述自己的意见

孝太郎

翔武

今年四年级的足球赛，应该还是1班和2班对战吧。

确实，还是班级对抗赛更有意思。不过1班会踢足球的人太少了。

先认可对方的观点。

2班球踢得好的人的确比较多。不过，没踢过谁也不知道结果。

没踢过是不知道结果怎样。不过，还是势均力敌的比赛才好看啊！

也是，翔武你说得对。那就把踢得好的平分成两队来比赛怎么样？

嗯，这样一来谁都说不好哪边会赢，比赛一定会很好看。

的确如此……
不过……
原来如此……
但是……
这两句话表达了先接受对方的观点后再阐述自己意见的意味，这样就不会发生不愉快，能平和地展开交谈。

（4）讨论不是吵架

翔武

孝太郎

我认为打扫教室应该放在放学后做。

的确，打扫教室可以放在放学后。但是午休就做了的话，放学就可以早点儿回家了。

如果午休做了扫除，放学的确就可以早点儿回家了。但是这样就不能踏踏实实地吃午饭了，所以还是放学后再做吧。

翔武，你说得没错，午休时间做扫除的确就没那么多时间吃饭了，但是放学后再做可能有的人就先回家了。

可能的确如你所说。我有事的时候也会想早点儿回家。要是午休的时间能再长一点儿就好了。

原来如此，午休时间要吃饭又要扫除，是紧张了一点儿。但是……

的确如此……
不过……
原来如此……
但是……
这样表达表示理解对方的观点，因此就不会越聊越生气，而是能冷静地展开讨论。

练习问题

◎用“的确如此……不过……”“原来如此……但是……”说说自己的意见。

1. 妈妈，打扫浴室不应该是小孩子做的，应该是大人做的才对。

2. 小 ××（孩子名），儿童房间应该经常打扫，保持整洁。

“的确如此……不过……”“原来如此……但是……”是两种利用价值极高的表达方式，使用这样的表达，就可以避免言语争端，双方能更顺畅、平和地交换意见。

自己的想法刚提出来就被别人否定的话，无论是谁都会感觉恼火。但是如果听到对方接纳了自己的意见，就很容易坦率地听对方接下来的意见。所以，如果你想说服别人时，没有必要非得否定对方的想法，反而是先接受它，之后再陈述自己的观点，这样就可以顺畅地相互交换意见。

应用篇

31 接听留言

“铃铃铃，铃铃铃”，电话铃响了。刚好妈妈出去买东西，家里只有你一个人。电话铃一直响个不停，也许是有什么要紧的事。这种情况下，你只好去接电话。

那么，你是喜欢接电话，还是不喜欢接电话呢？如果你不喜欢接电话，那么不喜欢的原因又是什么呢？

一般来说，打到家里的电话，不全是打给你的，而当你接了打给家人的电话时，可能就要帮着带话。因为给人带话会让你紧张，所以你不喜欢接电话。那么，我们就要想想怎么才能不紧张。让我们来想一想接电话、接听留言的技巧吧。

(1) 有没有这种情况：本以为好好听了，但……

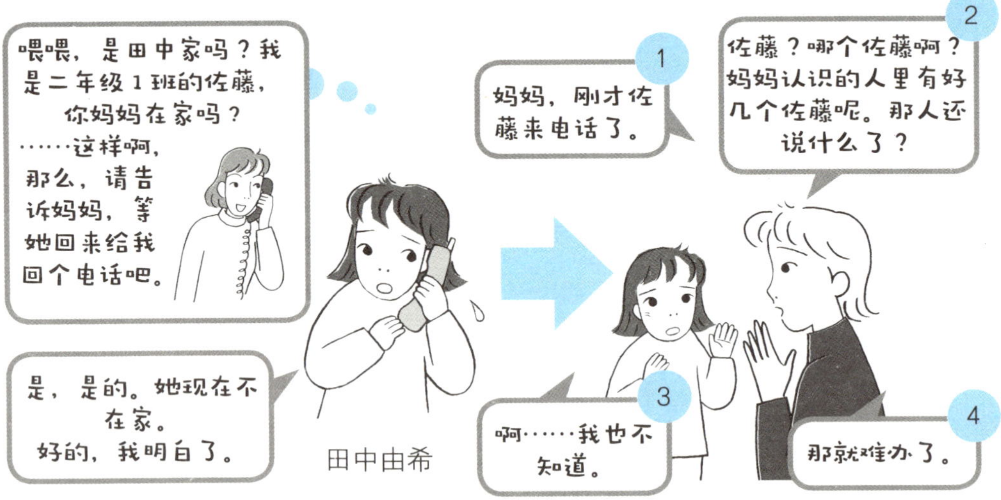

(2) 你是否做到了准确接听留言？

(3) 家里准备一个留言记录

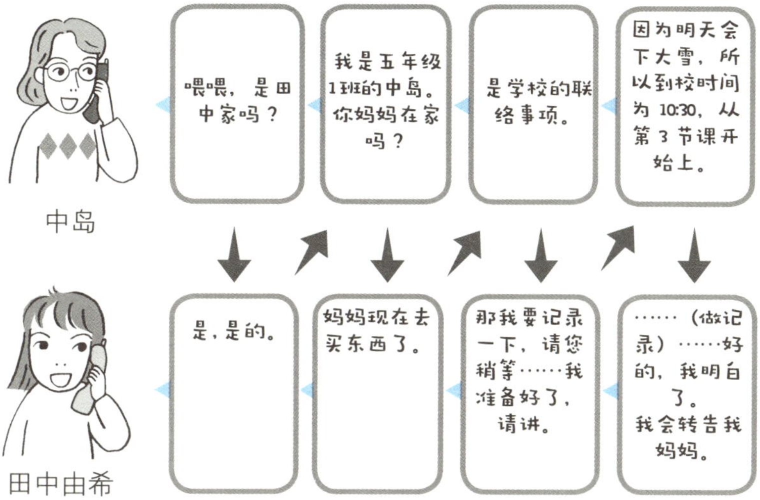

留言记录

1. 日期：2/18
2. 时间：下午 5 点
3. 来电话人：5-1 班中岛
4. 接听人：由希
5. 事件：上课开始时间变更
6. 内容：因为下大雪，上课时间变为 10:30，从第 3 节课开始。

(4) 来做个练习

试着填写一下右侧的留言记录。看看你是不是也能把留言内容写准确。

留言记录

1. 日期：月 日
2. 时　间：AM/PM 时 分
3. 来电话人：
4. 接听人：（你的名字）
5. 事件：
6. 内容：

建议

不知道你有没有这样的经历，刚听完别人交代的内容时，觉得自己都听清楚了。但事后别人问起具体的留言内容时，却变成“我记得应该是……”之类模模糊糊的答案。

之所以会这样，是因为我们的记忆会因时间的推移而变淡。所以，在收听留言的时候一定要做记录。只要跟对方说一声“我要记一下，请您稍等”，就算对方再着急也会等你。而且，是否把留言内容准确地记录下来，和对方再确认一遍也很重要。把这两个要领变成习惯，今后你就可以准确无误地传达留言了。

学会传达留言的技巧，就可以不再为接电话而紧张了，同时也可以获得拜托你传话和收到你带话的双方的信赖。

32 给人留言

你可以准确地收听留言了吗？那你是不是已经养成做记录和向对方确认留言内容的习惯了呢？

下面我们来转变一下立场，这次由你做给别人留言的人。不知道你有没有听说过这样的情况：一段话从第一个人嘴里讲出来，连续被几个人传达后，意思就变样了。不是漏掉了什么，如重要的时间，就是被添加了别的什么内容，这样一来传到最后就很难办。

如果希望最后一个人也能收到全面而准确的消息，你作为最初传达消息的人，就需要将其整理得简洁易懂，确保接收的人在理解时不出偏差。那么，我们想一想需要注意哪些问题。

(1)因为没有做记录，你有没有把重要的事情忘了呢？

最初的内容

五年级 1 班的联络事项：明天，请带上三角尺和圆规，数学课需要用到。

(2)需要传达的内容很多，你是否做到了准确传达呢？

（3）把要传达的要点事先整理排序

把必须传达的要点整理一下，一共有4个，可以用排序法来逐条说明。

小百合

1. 明天合唱俱乐部的练习时间变更为2点至4点。

2. 场所变更为卡皮欧音乐厅的排练厅。

3. 需要穿统一的红色T恤。

4. 请继续传达给由美和丽香。

▶ 把必须传达的重要事项记录下来，这样就不会遗忘了。

留言记录

明天合唱俱乐部的联络事项：
1. 练习时间的变更：2点～4点。
2. 场所的变更：卡皮欧音乐厅的排练厅。
3. 需要穿统一的红色T恤。
4. 还需要联系由美和丽香。

（4）来做个练习

小百合

沙月

小百合：喂喂，是中野家吗？

沙月：是，是的。

小百合：是明天合唱俱乐部的联络事项，我现在讲行吗？

沙月：噢，好的。我要记录一下，请稍等……好了，请讲吧！

小百合：联络事项有4点。第一是……第二是……

沙月：好的，让我来重复一遍。联络事项有4点。第一是……第二是……

小百合：嗯！没问题。那就拜托你联系下一位了。

沙月：好的，我明白了。再见。

这样就万无一失了。既不会有落下的事项，整理过的内容又不会啰唆，简洁易懂。

建议

通过上面的实例可知，想要完整无误地把话传达到位，发信方和接听方二者都需要掌握相应的交流技巧才行。

打电话不同于面对面交流，只能闻其声不能见其人。所以，双方语言信息的传递和交流就尤为重要。我们把“基础篇”和“实践篇”里的每一个技巧都掌握好，就不会在接听电话时紧张。如果你是接听方，就知道该怎样正确做记录。如果你是发信方，就一定能够简洁、准确地传达信息。

33 做演讲

学校课堂上常会有“1 分钟演讲”的小环节，让大家练习演讲。如果你平时在人前讲话都会紧张，演讲时可就难办了。因为演讲不是日常对话，不能随想随说，而是要整理出一段有始有终的话，且还要让听众听明白才行。演讲的目的就是要让大家来听你的观点，怎样让别人听进去，这就需要你的演讲散发出魅力才行。

演讲不是拿着稿子照本宣科，要从始至终目视听众，偶尔看一下事先准备的提纲，掌握好速度来推进。“1 分钟演讲”的内容编排也要注意“5W1H”要素。

这次，我们要练习的是稍长一点儿的演讲应该如何组织语言。

（1）我最怕演讲，到底要怎样才能出色地演讲呢？

（2）先把演讲的内容整理好

①要围绕什么话题来讲

关于我要推荐的书目。

②推荐书目是哪些

3 册。
1.《纳尼亚王国传奇》：C. S. 刘易斯。
2.《谁也不知道的小小国》：佐藤晓。
3.《火车头大旅行》：米切尔 · 恩德。

③为什么要推荐这 3 册书

1. 能够和主人公一起去经历冒险。
2. 自己读起来很兴奋。
3. 有现实生活中不存在的人物登场。
4. 有放飞自我的感觉，想象力可以得到锻炼。

(3) 演讲稿的内容该如何构建？

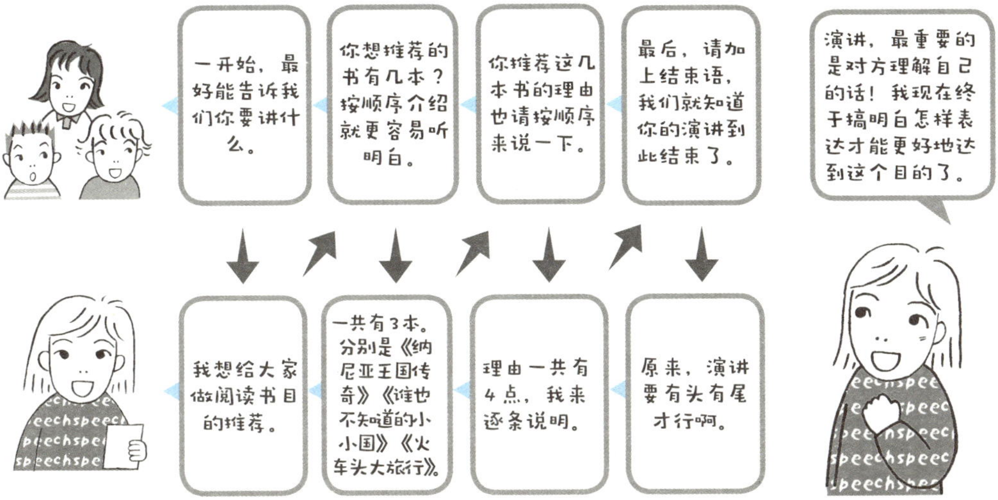

(4) 把演讲内容的要点记录下来

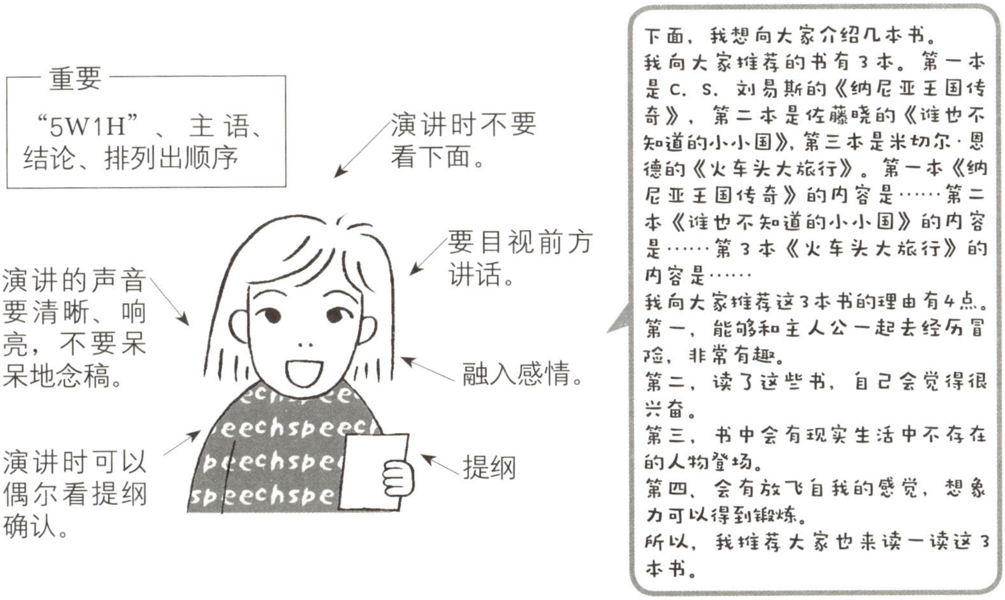

建议

想要出色地演讲，需要我们把之前在“基础篇”和“实践篇”学到的表达技巧来一个“总动员”。开门见山讲出观点、排列顺序、不要漏掉主语、“5W1H”……

如果你把“基础篇”和“实践篇”里的每一个技巧做到熟练掌握，那么演讲也就没什么可怕的。确定好要讲什么，把内容要点记录下来，然后把内容展开，融入感情地去演讲。只要多加练习，即便在众人面前演讲也会越来越熟练。当你习惯在大家面前发言，并能活用记录要点等技巧，你的表达就会越来越引人入胜而富有魅力了。

34 做采访

为了完成学校的课题，你想了解关于幼儿园老师职业的情况，或是想做关于拉面的社会调查，就需要你亲自到幼儿园向老师做关于工作内容的采访，或者去拉面工厂了解情况，如拉面的制作方法、一天的总产量、生产出来的拉面的种类、工作人员人数、劳动时间，等等。

做采访也是需要技巧的。让我们来看看做采访都需要注意些什么。为了想从对方那里了解全部的情况，需要预先做哪些准备。之前学过的交流技巧在这里是不是也会派上用场？为了我们做的准备不会白白浪费，一起来学习一下做采访的技巧吧。

(1)你能顺利、圆满地完成采访吗？

(2) 在做采访之前，先想好要问的具体问题有哪些

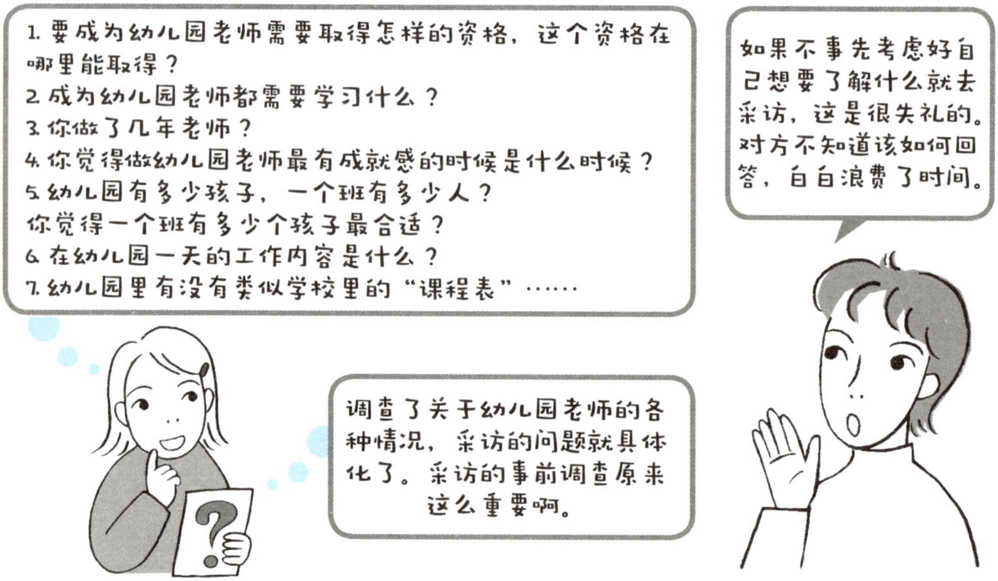

（3）采访时有哪些要点需要注意？

1. 如果有几个问题要问时，用排序编号法。
2. 不要简单的“一问一答”式提问。就一个问题，从不同角度发问，让想了解的事情得到更深入的挖掘。
3. 把提问的内容具体化，泛泛的、模棱两可的问题会让对方不容易作答。
4. 做有呼应的问答。对对方的提问或回答要直接给出回应。
5. 在转换问题的时候，要告知对方“我们来换个问题”。
6. 直视对方说话，不要目光游离。要注意寒暄，不要忘记感谢对方。
7. 不要忽略“5W1H”、主语……要提出对方一听就明白的问题。

（4）再来做一次关于采访的练习吧

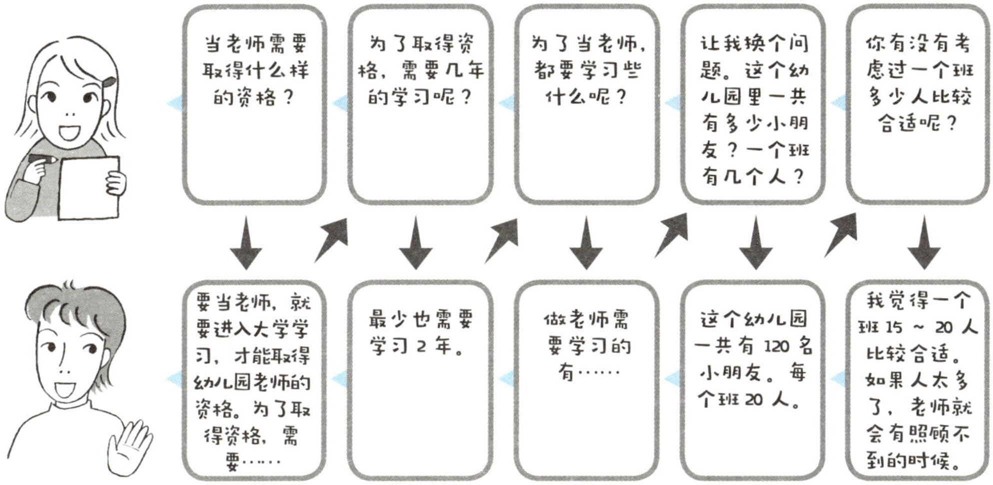

▶ 采访最后，不要忘记说“谢谢”！

建议

采访的目的，就是把自己想知道的事，从了解它的人那里问出来。采访的事前准备固然重要，但因为采访是问答双方互动的活动，所以，交流的技巧也非常必要。我们在“基础篇”学过“不要所答非所问”的技巧和“提具体问题”的技巧，这些都可以在采访中灵活应用。不知道你有没有感觉到呢?

35 接受采访

关于采访这件事，不仅采访者需要掌握各种要领，被采访者同样需要讲究交流的技巧。

被采访者如果不能很好地回答问题，无论是多么出色的记者，也无法获得想了解的情况。对于采访这项活动，采访一方需要用心琢磨怎样提出问题，才能从对方那里获得自己想要的信息，而被采访一方则需要思考怎样回复才能把对方想知道的信息传达过去，只有双方都付出努力，采访才算真正成功。

那么，接受采访的时候怎么回答好呢？我们之前学过的交流技巧在接受采访时同样能发挥作用。

(1)面对采访者的提问，你能对答如流吗？

(2) 被采访者不能顺畅地回答，采访就很难推进

(3) 我们在接受采访时，应该注意哪些事情？

1. 对方问什么就回答什么。
2. 没有被提问的事情，不要自己随意发挥，不要转移话题。
3. 具体而准确地回答对方的提问，给对方有的放矢的回答。
4. 是自己的意见还是别人的意见，要有意识把事实和意见区分作答。
5. 使用“5W1H”，注意不要忽略主语。不要忘记先说出自己的结论再展开。
6. 正视对方讲话，不要视线游离。
7. 不要忘了，采访的主导权在提问一方。

(4) 来做个接受采访的练习吧

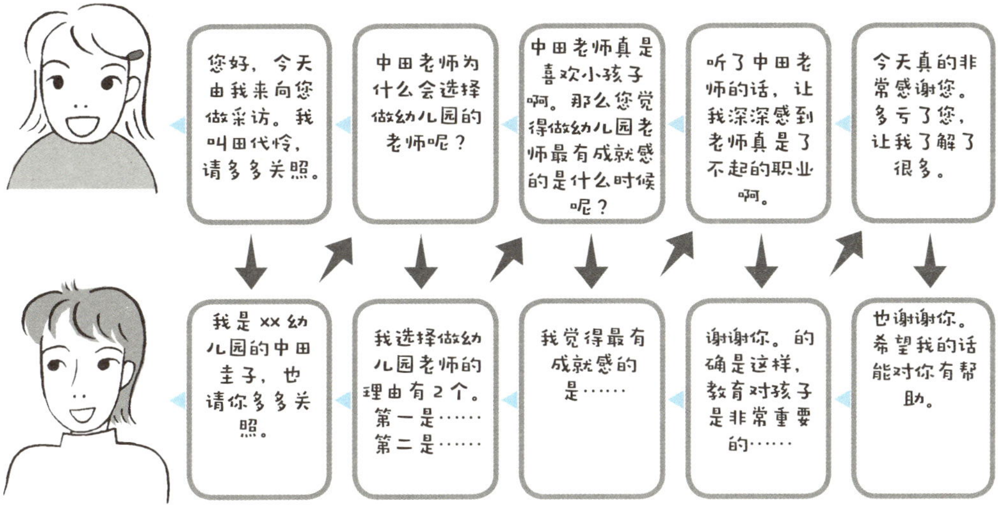

建议

想要成功地完成一场采访，提问一方和回答一方都需要掌握交流的技巧。你发现没有，我们在“基础篇”和“应用篇”中学过的许多技巧，都在采访中发挥着积极的作用。如果把“基础篇”“应用篇”的每一个技巧都牢牢掌握的话，即便突然让你去采访别人，你也可以从对方那里获得自己想知道的情况。同样，即便突然把麦克风指向你，你也有自信能冷静从容地回答问题。

不一定非要局限在采访这个场景，当你想向别人提问，或被别人提问的时候，这些用于采访的技巧都能发挥作用。

36 做说明：指路①——集合场所

你有过给别人说明集合场所在哪个位置的经历吗？如果不能把位置正确地告诉对方，就没办法在目的地碰面，这就会让人急躁、担心，问题就会很棘手。

那么，要怎样做说明，才能让别人准确无误地找到目的地呢？自己想到什么说什么，或是模糊的指路方式是很难让对方真正弄明白的。在指路时，重点在于给对方描绘出一幅如何到达目的地的清晰的路线图。

什么时间、在哪里碰面、在哪里转弯、有什么样的标识、道路的状况怎样等，这些“5W1H”要素在这里同样具有重要作用。另外，还有一个要点是先告诉对方路程大概有多远。

(1) 你是否也是这样解释集合场所的？

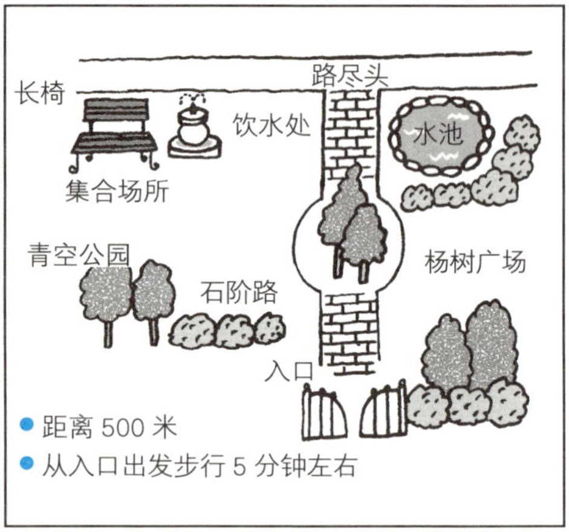

(2) 秀同学的说明为什么那么难懂呢？

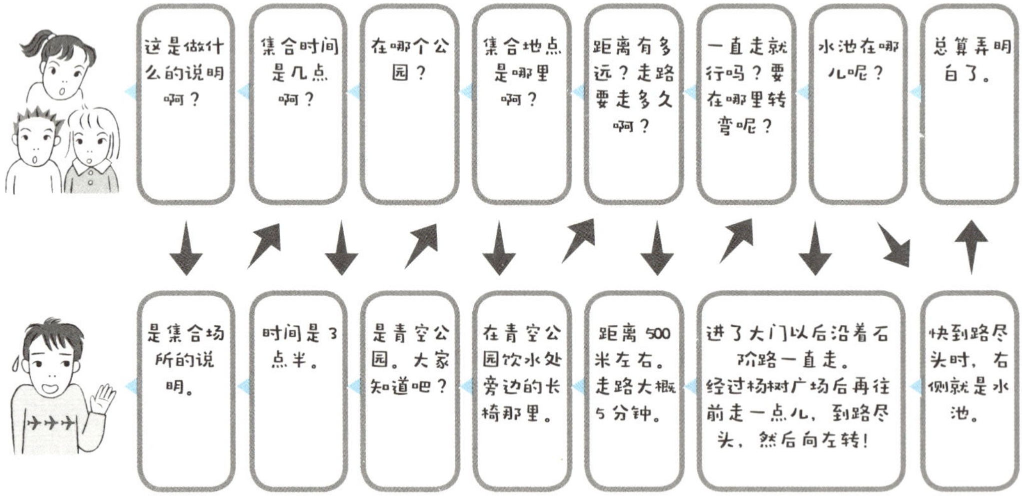

(3) 思考一下秀同学该如何做集合场所的说明

1. 首先，清楚地告诉大家要做什么事的说明。
2. 然后，说明集合时间和地点。
哪里 "5W1H"
3. 告诉大家距离和时间，给大家一个预估值。
4. 详细说明道路行进顺序。
5. 明确可以作为标志物的事物。
不要只说"这个""那个""5W"
6. 都讲完后，记得说结束语。
照这个思路梳理后，如何做说明就一目了然了。

(4) 跟朋友们重新做集合场所的说明吧

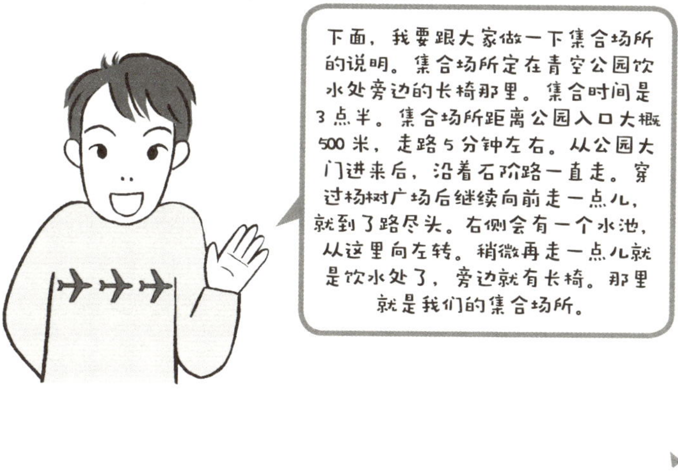

建议

准确易懂的指路说明，首先要告诉对方到达目的地所需的大概距离或时间，让对方心里有数。如果直接说“从车站西口出来以后一直走……”这样对方就不清楚距离目的地究竟有多远。听到这种说明，别人容易紧张，误认为“这会是多么长篇大论的说明啊”。而且，没有重点的说明，反而会漏掉重要的环节。先把整体情况告诉对方，让对方有准备地听你解说，才能更容易理解你的说明。

37 做说明：指路②——我家在这里

我们再来做一次指路练习。这一次是给大家介绍从学校到你家的路线。

学校的朋友是第一次来你家做客，你需要给他们介绍路线。这个时候怎么说明才能让朋友听明白，又需要用到哪些说明技巧，才能让朋友顺利到达你家呢？

假如你的解说不到位，就有可能让别人在途中迷路，或者走冤枉路。中途找不到方向，朋友可能就会放弃，回家去了。要是大家找不到你的家，本来约定好的见面就泡汤了。其实路线说明的重点依旧是“5W1H”，以及先给出对方到达目的地的大致距离，这都是我们学习过的。

如何才能万无一失地给人指路，让我们再来练习一次吧。

（1）绘里香是这样向朋友说明路线的

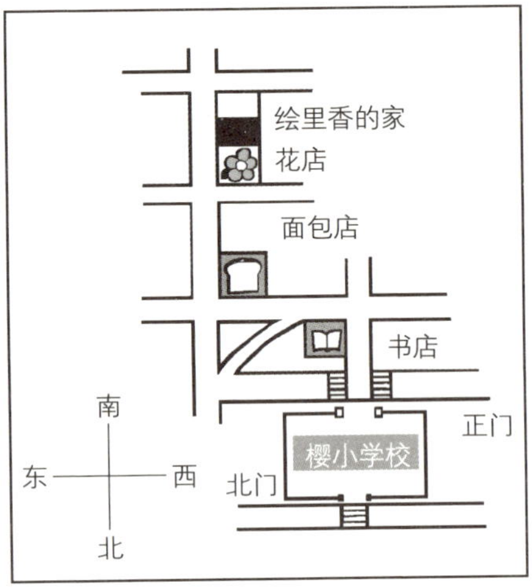

（2）为什么绘里香的说明让人听不明白呢？

这是在说什么啊？ → 你说很近，是多近啊？要多久？ → 学校有2个门，应该从哪边出去啊？ → 让我们一直走，要走到哪儿左转呢？ → 面包店在哪儿呢？ → 之后又要直着走，要走多久呢？

这当然是在说来我家的路线啊。 → 距离大约是800米。走路的话需要8分钟左右。 → 对了，是正门。我每天不是都从正门上下学的嘛！ → 就是有书店的那个路口。 → 不是就在下一个路口的右侧嘛。 → 走到下一个路口，到花店就是了。看来我之前都白说了。

（3）和说明集合场所一样，先整理一下说明的内容

1	2	3	4
说明的目的：告诉大家从樱小学校去绘里香家的路线。 目的　结论	距离和时间： ●距离大约是 800 米。 ●走路大概需要花 8 分钟。 预估	从樱小学校的正门出发→人行横道过马路→在有书店的路口左转→在有面包店的路口右转→下一个路口把角的花店旁边就是绘里香的家。 标记物在哪儿 信息是什么	说明结束： 不要做有头无尾的说明。

（4）绘里香要给朋友们做如何来自己家的路线说明

建议

给人指路时有 3 个要点。

1. 之前说过，要先给对方一个大致距离。有了这个距离，对方就会一边思考是走路去你家，还是应该骑自行车去的同时，一边听接下来的说明。

2. 找到可以作为标志的建筑物，如书店、河、过街天桥、人行横道等，把这些情况准确地传达给对方做参考。

3. 正确地告诉对方转弯的方向。不要用东、南、西、北来指路，如“从那里往东走”。如果当时不能判断哪边是东，就很可能找不到正确的方向。给别人指路，要像自己走一样，设身处地去解释，对方才会更容易明白。

38 做说明：桌子的排列位置

今天你的班级要调换桌子的位置。为了方便大家做讨论时每个人都能看到其他人的脸，所以要把桌子重新排列一遍。

你回到家，想把课桌重新排位置的事告诉爸爸妈妈。那么你要如何说明，才能让他们一下就听明白呢？

想要对方理解你的描述，就需要为他描绘出一幅位置图。想到什么说什么，是不能讲明白的。那么，我们应该用到哪些技巧才能解释得全面呢？

我们之前学过的那些技巧在这里也同样能够发挥作用。比如，我们在指路时学到的技巧，在说明排列位置时一样可以发挥重要作用。

(1) 纯在跟妈妈说明新的桌子排列位置

照纯这样说明的话，妈妈听了也依旧想不出是什么样子。

(2) 纯的班上究竟是怎么排列课桌的呢？

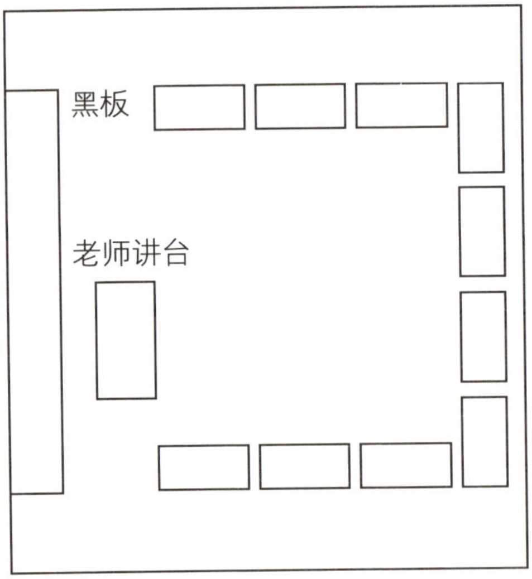

①整体形状有点儿像片假名的“コ”（日语）字。
②桌子一共有 10 张。
③黑板和老师讲台的正面有 4 张，两侧各有 3 张。

(3) 请纯再来做一次说明吧

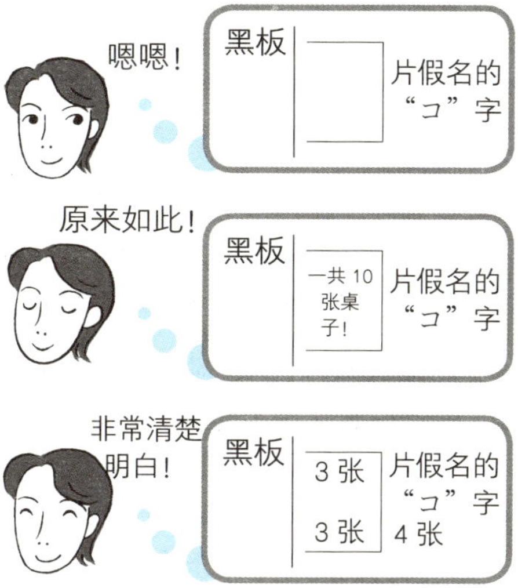

(4) 一起来想一想

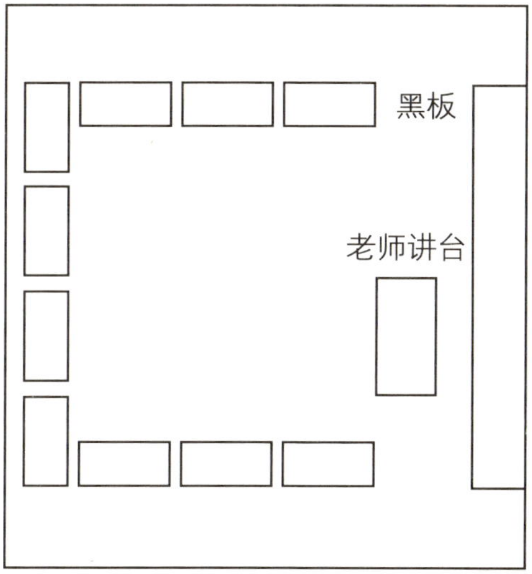

左图是纯的妈妈上英语口语课所在教室的样子。下面请你来代替纯的妈妈，解释一下桌子是如何摆放的。

①整体的形状是什么样子的。

②一共有几张桌子。

③怎样说明才能解释清楚每一列各自摆着几张桌子？

▶ 首先要给对方一个对整体形状的印象，之后再做细节的具体说明，这样一来就简单多了。

建议

想让别人在大脑中勾勒出排列位置的印象图，要领有 3 点。

第一，告诉对方整体印象是怎样的。这与指路时要先给对方一个大致距离是一个道理。有了整体印象，之后的描述就更容易有的放矢。

第二，告诉对方描绘位置图所必需的物品种类和数量。这样就可以让对方跟上你描绘的节奏，把握整体印象。

第三，说明细节部分的情况。

按照这 3 点向对方传递信息，你的说明就会非常容易获得理解。同样，这 3 个点也可以活用在其他场合。只要是做说明，就请按这个顺序来。

39 做说明：远足需要准备的零食

远足是件非常开心的事。和学校里的朋友一起出去，既可以吃便当，又可以到处参观。互相交换零食是远足的又一个乐趣。

不过，如果朋友问你带了什么零食时，你该如何回答呢？把所带的零食的名字一个一个报出来就行了吗？还是按照你喜欢的顺序来告诉对方呢？诸如这样的说明，是否能让对方明白你带的都是哪些零食呢？有没有更好的说明方法呢？

在给别人介绍远足带的零食时，怎么说才能让别人一听就懂，这也是有技巧的。至于需要用到哪些技巧，就让我们一起来想想看吧。

（1）被朋友问到“你带了什么零食”时，美里这样回答

美里介绍自己带的零食时想起一个就说一个。朋友彩加听到零食的名字被罗列了一大串，越听越乱。

（2）把美里带的零食“同类合并”整理一下吧

口香糖类

- 泡泡糖
- 汽水味口香糖

饼干曲奇类

- 仙贝
- 薯片
- 千层酥
- 巧克力曲奇

糖果类

- 草莓糖
- 可乐糖

(3) 按“同类合并”整理好后，请美里再给彩加介绍一遍

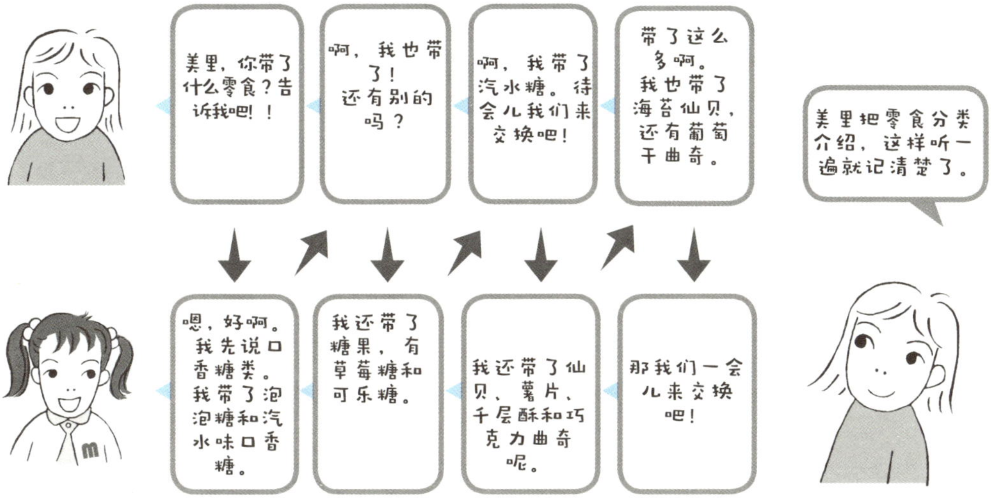

(4) 让我们一起来想一想

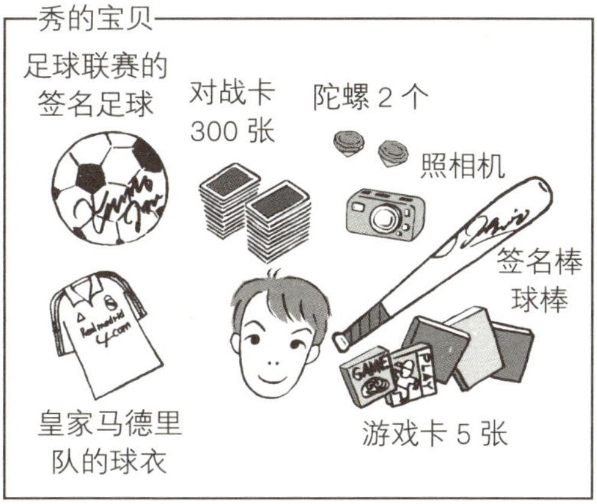

把彩加和秀的宝贝也用“同类合并”法整理一下。
请你来代替他们2人跟你的妈妈做个介绍吧。

建议

要把许多东西放在一起向别人说明时，务必在说明前做好“同类合并”的整理工作。想起一个说一个，这样零零散散地去说明，只可能让对方越听越乱。但如果事先把同类整理归纳在一起再说明，对方就会非常容易接收到你说的信息。“○○是 A 和 B、△△是 C、D 和 E”这种表述才是符合我们大脑惯用的记忆路径。

合并同类后再做传达，这就是让繁杂的说明变得简单易懂的基本技巧。

40 做说明：露营的准备

你有没有过露营的经历呢？在山里支起帐篷，晚上钻进睡袋里睡觉，虽然会有一点儿害怕，但非常刺激有趣。

假设你打算和朋友一起来一次三天两晚的露营，因为你的朋友是第一次露营，而你作为有过好几次露营经验的老手，所以需要你跟朋友说明要带哪些东西。想让朋友理解到位，你需要用到哪些技巧进行说明呢？

回想一下介绍“远足需要准备的零食”时，“同类合并”法是让别人听一遍就明白的关键。那么，说明露营的准备工作也是同理。把需要带的东西事先分类整理后再做说明，这样对方就能清晰地记下你传递过来的信息，且不会发生混乱。

(1) 关于露营需要准备的物品，纯太郎要向朋友做说明

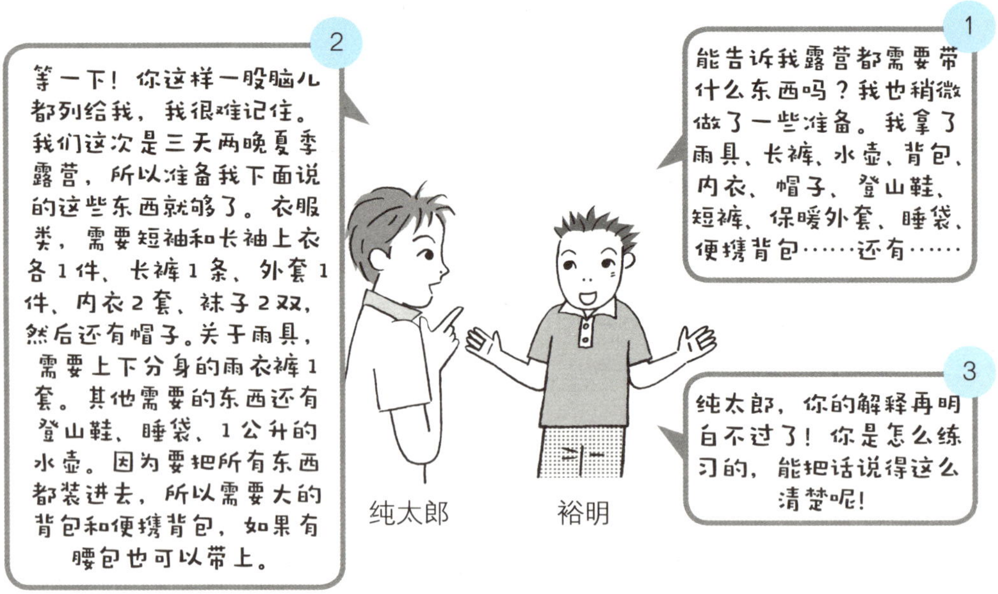

(2) 纯太郎用了“同类合并”法来做归纳整理

衣物类

- 短袖和长袖上衣各 1 件 • 长裤 1 条
- 外套 1 件 • 内衣 2 套 • 袜子 2 双
- 帽子 • 上下分身的雨衣裤 1 套

必备品类

- 登山鞋 • 睡袋 • 1 公升的水壶

装行李的包

- 大的背包 • 便携背包 • 腰包

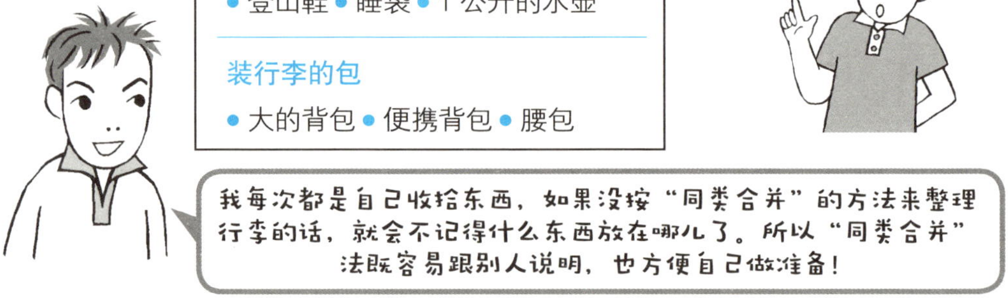

(3) 裕明的说明为什么让人感觉听不明白，我们来列表看看吧

裕明做说明的顺序:
雨具和长裤
水壶
背包
内衣、帽子
登山鞋
短裤、保暖外套
睡袋
便携背包

衣物类	必备品类	装行李的包
长裤	雨具	
	水壶	
		背包
内衣和帽子		
	登山鞋	
短裤、保暖外套		
	睡袋	
		便携背包

啊？！原来我说的话是一会儿在这边，一会儿又跳到那边了啊。说了什么我自己都记不清楚了！

(4) 来做个练习

制作面包片比萨需要的工具和材料

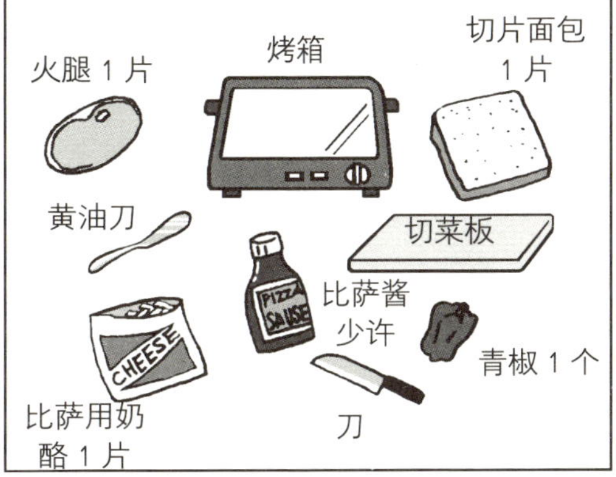

制作杯子电话需要的工具和材料

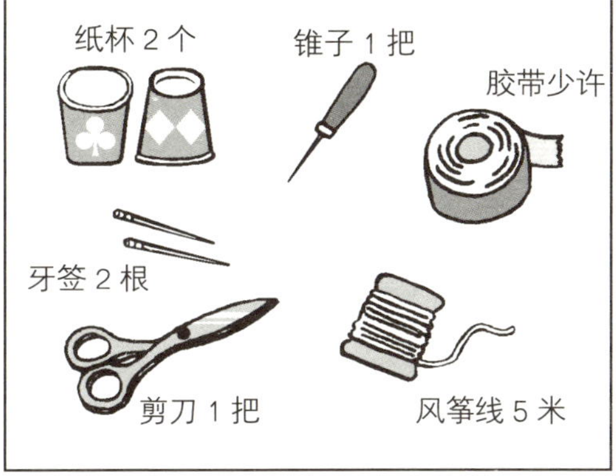

▶ 按照“同类合并”原则来做分类整理，然后向爸爸妈妈或朋友们做介绍吧。只要分类分对了，后面的介绍说明就简单了。

建议

对要带的物品的说明、对要买的东西的说明、对自己的重要物品的说明、对料理所需要的材料的说明……仔细想一想，我们生活中其实有很多做说明的机会。

这种时候，如果我们只是想起什么就说什么的话，对方一定越听头脑越混乱。可能你自己说着说着也会记不清说过某个东西没有。要是不小心把重要的东西漏下，可能就会带来大麻烦。所以，好好利用“同类合并”法，它会在许多场合帮上你的忙。

41 做描述：我的铅笔盒

“描述”一词，不知道你是否听说过。“说明”和“描述”有什么不一样呢？“说明”向人传达的是制作的方法、操作的方法、路线的说明等，根据事实对事物做出正确、客观的叙述。

相比之下，我们可以把“描述”想象为拍照片。不是用照相机，而是使用语言来为事物拍照片。照相机是把物体如实映射在照片上，那么你就要把自己当作照相机，把被拍摄物体用语言照原样表达出来，这就是描述。描述要尽量正确、客观地表现所见的对象。

如果把“好看”“奇怪”“有趣”等自己的感想加进描述里的话，对方就会被你的意见所干扰。这在前面已经学过，因为“意见（感想）是因人而异的”。

（1）拓也向翔太描述给妹妹买的铅笔盒的样子

拓也　　　　翔太

（2）首先要告诉对方整体印象

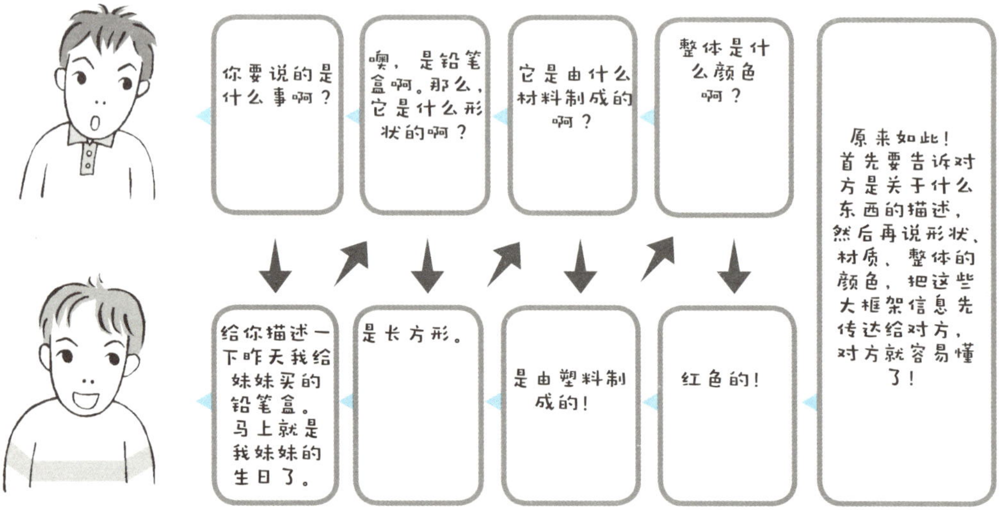

(3) 介绍了整体印象之后，接下来要告诉对方局部的信息

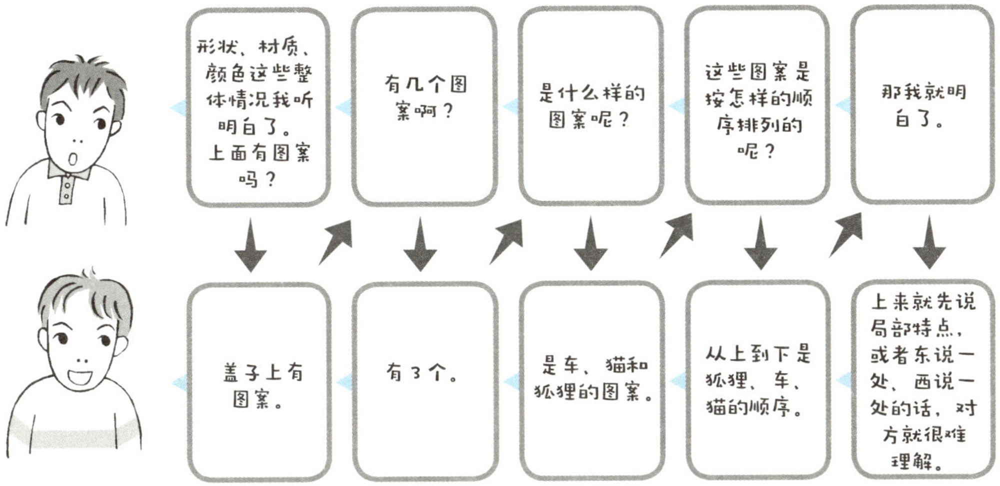

(4) 关于昨天给妹妹买的铅笔盒，拓也要再向翔太做一次描述

建议

描述的基本顺序是从整体到局部，或者也可以说是从大体情况到细节情况的顺序。这个技巧的基础，与我们在“做说明：指路①——集合场所”一节学过的要首先告知对方大概距离和所需时间的“预测值”是一个原理。

在做物体描述的时候，首先要告诉对方整体印象。比如物体的大概形状、材质、颜色等，这样对方就会对你所描述的物体先建立一个印象。但如果先说一些细节特点，对方就很难把握全貌，思路就会混乱。这种混乱就是无法把细节特点准确定位在未知的整体形象中而造成的。

无论是大人还是孩子，掌握了做描述的技巧，你就可以用语言立体、准确地向别人勾勒出物体的样子。

42 做描述：法国国旗

描述，是把自己所看到的事物尽可能如实地用语言表述出来，关于这一特点，我们已经了解了。

那么，这次让我们试试做一幅画的描述。你可能会想，画的描述该怎么做才好呢？不用担心，基本原则不变，还是按照从大体情况到细节情况的顺序做说明就好。

这次要注意的重点是视点的移动。视点的移动，对于传达信息的一方来说，意味着自身观察物体的顺序；而对于接收信息的一方来说，意味着要通过收到的信息在脑海中逐步勾勒出物体的轮廓。如果东一句、西一句地描述，接收信息的人就会因为找不到方向而困惑。

所以，无论是传递信息一方还是接收信息一方，都需要按合理的顺序同步进行视点的移动，才能做到完整地传达。

（1）尚武这样向健二描述法国国旗

（2）尚武对法国国旗的描述为什么没能准确传达给对方呢？

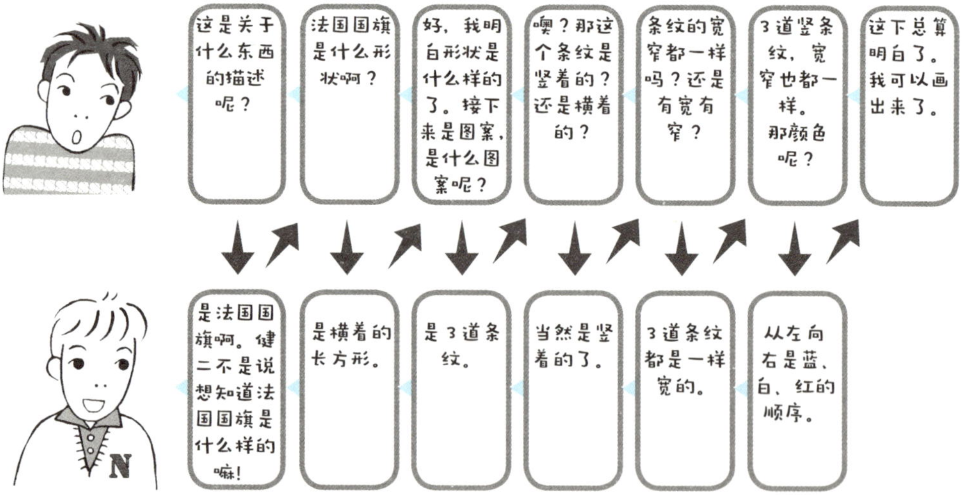

（3）尚武要对法国国旗再做一次描述

（4）来做个练习

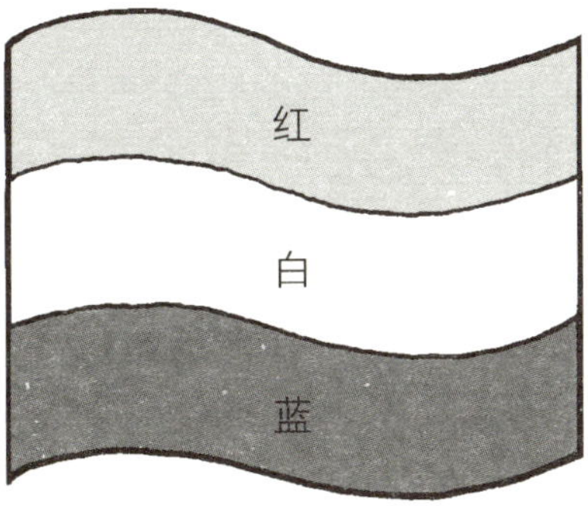

荷兰国旗

试着描述一下荷兰国旗。

对于不知道荷兰国旗样子的人，应该怎样描述，才能让对方清楚地知道。

①整体的形状是怎样的。

②关于图案，怎样说别人更容易理解。

③图案、颜色等细节部分怎样表述更清楚。

建议

描述的时候，如果传递信息方的视点没有条理的话，所做的描述也会不清楚，接收信息方就会听得非常混乱。要把自己所见到的尽可能如实地传达给对方，就要注意视点的移动。是从右到左，还是从左到右；是从上到下，还是从下到上；是从近前到深处，还是从深处到近前；是从外侧到内侧，还是从内侧到外侧。务必先确定顺序，再移动视点来具体描述。这样有层次地顺序进行，接收信息的一方理解起来也更轻松。只有按照逻辑规律有秩序地传达信息，才能让听者在脑中更准确、便捷地勾勒出被描述事物的轮廓。

无论是描述简单的图形还是复杂的图形，所要用到的基本技巧都是一样的。旗子、标识、绘画、照片、风景等，这些生活中常见的事物都可以运用今天介绍的技巧来描述。

43 做描述：遗失物

你有没有过遗失物品的经历呢？

6 月 20 日，纱季把雨衣和伞弄丢了。早上去学校的时候下雨了，纱季穿着雨衣、打着伞出了家门。放学回来的时候雨已经停了，纱季就和朋友们在学校里玩了一会儿才回家。回到家才意识到自己的雨衣和伞忘记带回来了。纱季记得应该是忘在学校的饮水处了，于是赶紧回去找，但是没有找到。

那么，纱季怎样才能找回她的雨衣和伞呢？一起来想一想，如何运用描述的技巧，帮纱季找回她的雨衣和伞。

(1)你是否也是这样描述的？

(2)帮纱季去找她的遗失物，里香都需要知道哪些信息呢？

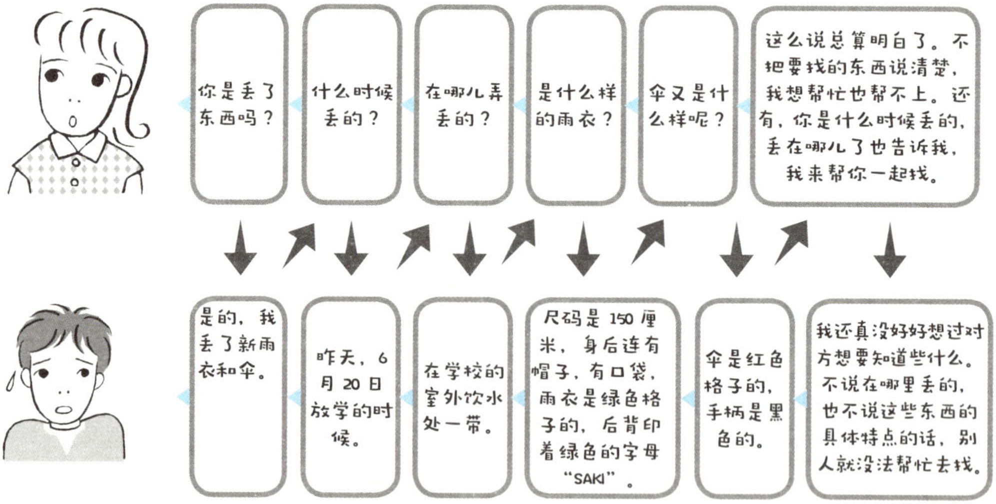

(3) 里香建议纱季用校内广播播放寻物启事来寻找遗失物。在播报广播前，纱季先要准备提纲

①什么时候遗失的： 6 月 20 日（周二）放学后
②在哪里遗失的：学校的室外饮水处一带
③遗失的物品：雨衣和伞
④雨衣是什么样的：尺码 150 厘米。身后连着帽子，有口袋。绿色的格子图案。后背印着绿色的字母“SAKI”。
⑤伞是什么样的：红色的格子，手柄是黑色的。
⑥想让大家怎么做：想让大家帮忙寻找。

(4) 纱季通过校内广播请大家帮忙寻找遗失物

建议

要把一个物体的样子、造型传达给没有亲眼见过它的人时，需要通过你的描述为对方勾勒出该物体的形状。

首先，你要详细观察描述的对象物。在做描述时，若毫无章法地想到什么就说什么，只会让对方越听越混乱。要表达得层次清晰，就要把观察到的情况好好整理一番。做到这些，我们就可以通过做描述来锻炼对事物的观察能力，以及对观察后获得的信息的整理能力，从而掌握它们。

掌握了描写的技巧，可以应用在寻找遗失物或请人帮忙找东西等场合，也可以在生活中很多场合派上用场。

44 做描述：朋友的着装

你的朋友今天穿了一身很帅气的衣服来学校。一向爱漂亮的你非常羡慕朋友的这身装扮，回家后马上就和妈妈、姐姐描述了朋友的这身衣服。但是，由于你想到什么就说什么，所以无论怎么描述，妈妈和姐姐对你朋友衣服的样式还是毫无概念。这种情况该怎么办才好呢？

先给出“预估值”，在这里恐怕行不通。先传达“整体印象”，这个技巧是不是在这种时候也能发挥作用呢？或者用“同类合并”的整理法来试试。

到底用哪个技巧才能把服装的样式描述到位呢？让我们一起来想想看吧。

（1）绫子向妈妈和姐姐做关于朋友绘里香服装的描述

（2）按怎样的顺序描述才能把绘里香的服装准确传达呢？

(3) 绫子要再做一次关于绘里香服装的描述

(4) 来做个练习

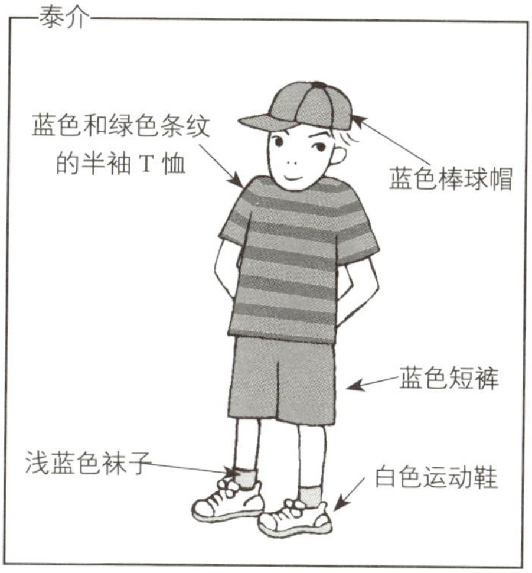

试着描述一下绫子和泰介的服装。

▶ 首先，要告诉对方整体印象，然后按从上到下的顺序把穿戴的服饰一一说明。你能把服装清楚明白地描述出来吗？

建议

要把自己所见之物描述给别人，的确需要一些技巧。但这些技巧也并没有那么难。以下 3 项是做描述的重点。

第一，传达整体印象。先告诉对方被描述对象大概穿了些什么，这样就能更容易让人在脑海中成像。

第二，按自上而下的顺序来描述。因为我们看东西时习惯了从上向下移动视线，自上而下的描述最符合我们的思维习惯。

第三，视线不要跑来跑去。比如，说了毛衣就去说袜子，说了袜子又去说衬衫。要注意做描述时不要东一句西一句。这一点我们在“做描述：法国国旗”中已经学过了。

45 做汇报：放学后做的事

学校在早上安排了 1 分钟演讲的小栏目，薛同学的演讲内容是向同学们报告昨天放学后做的事。薛同学为这次 1 分钟演讲做了提纲。本以为可以自信满满地演讲，但实际演讲完后时间剩余了很多，演讲效果也不是很好。薛同学的演讲中既有含糊不清的部分，也有啰里啰唆的地方，让人听得很费劲，于是演讲结束后薛同学就遭遇了来自同学的提问攻势。薛同学被大家一通提问后，才终于意识到自己哪里做得不足。

在介绍自己所做的事的时候，一定不要忽视向对方传达“5W1H”要素。而如何把“5W1H”加到内容中，使之成为清晰易懂的汇报，让我们一起来思考一下吧。

(1) 你是不是也是这样做汇报的？

提纲

- 回到家、洗手
- 吃点心
- 到学校和朋友（翔琉和俊介）一起踢球
- 做作业（数学练习册）
- 游泳
- 吃晚饭（在家）
- 看电视（《星球大战》）
- 泡澡
- 刷牙、睡觉

(2) 班上的同学把自己没听明白的地方进行提问

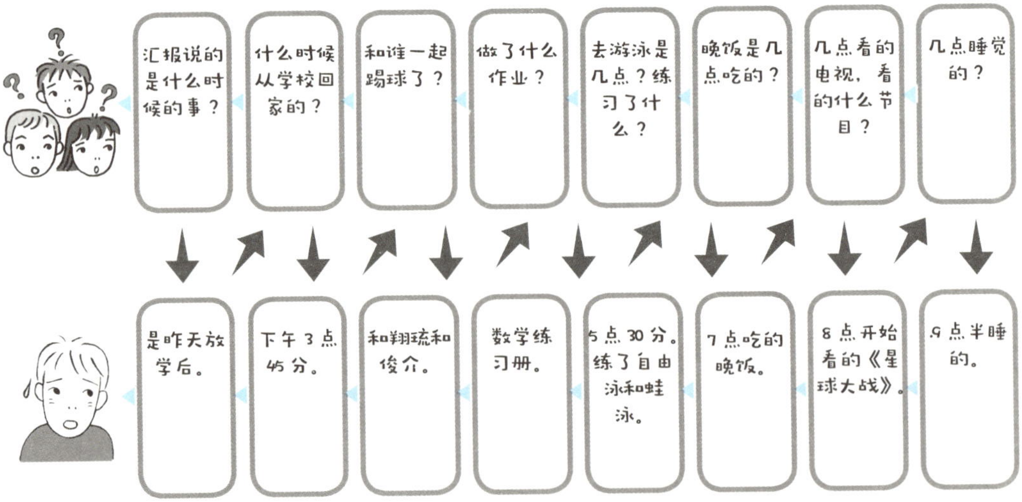

▶ 做报告的时候，“5W1H”（何时、何地、谁、做什么、为什么、怎样做的）很重要。

（3）薛同学要再向大家做一次“昨天放学后做的事”的报告

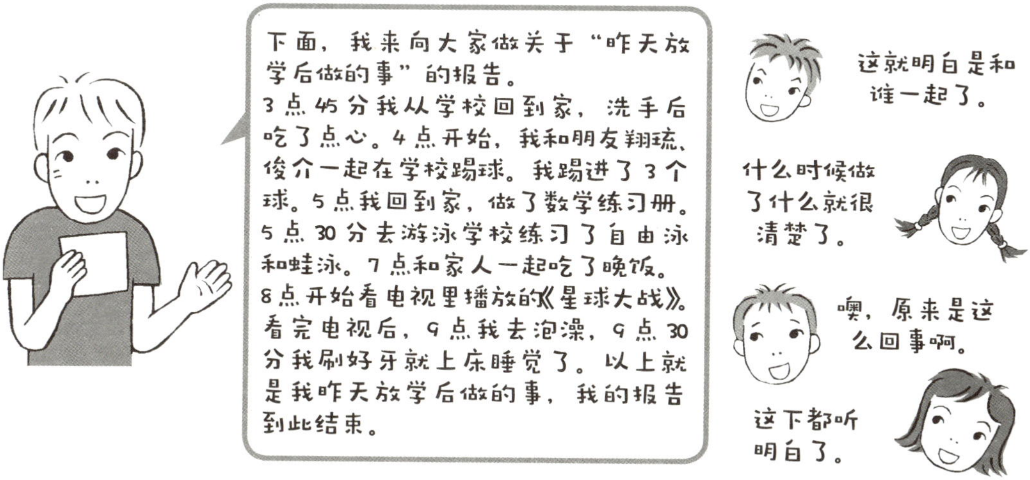

（4）来做个练习

提纲

我放学后所做的事　9月16日（周一）

3：30　回到家，和妹妹一起吃点心

4：00　上钢琴课、做发表会的练习

4：45　回家、做语文作业（汉字）

5：30　帮忙准备晚饭、和妈妈说学校的事

7：00　和家人吃晚饭 · 咖喱饭

8：00　读书《MOMO》

9：00　做第二天上学的准备

9：30　刷牙、睡觉

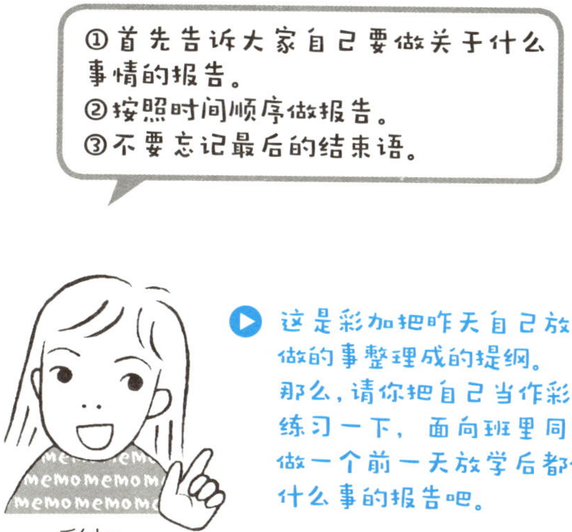

彩加

这是彩加把昨天自己放学后做的事整理成的提纲。
那么，请你把自己当作彩加，练习一下，面向班里同学们做一个前一天放学后都做了什么事的报告吧。

建议

如果需要你来汇报自己做过的事情时，你会怎么做呢？不仅要按照实际情况和时间顺序来做，还要注意的是，不要把自己的主观印象和感想也加入报告中。另外，因为是关于自己的事的报告，所以不要忘记加上主语“我”。

1. 只传达事实。
2. 遵循时间顺序来传达。
3. 不要加入自己的感想和意见。
4. 记得说主语。
5. 注意“5W1H”要素。

以上 5 点是报告自己所做的事时需要用到的基本技巧，牢牢掌握吧！

46 做汇报：紧急联络

隆广从学校回家的路上目击了一场交通事故。隆广看到，一名小学生被一辆由一个男人驾驶的车子撞到，晕倒了。隆广赶忙打电话向警察报告。但是，遇到事故向警察汇报这种事，隆广是第一次碰上。由于没有经验，隆广慌慌张张的，没有把事情传达清楚，警察也不知所措。

那么，你有没有和隆广一样目击事故的经历呢？如果你遭遇了这种场面，一定也会第一时间想报告给警察吧？因为遇到事故的时候，人可能会有生命危险，所以警察越快到达现场越好。那么，为了让警察尽快赶到现场，应该怎样联络才好呢？让我们一起来思考一下吧。

(1)这样说警察能赶到事故现场吗？

▶ 漏掉“5W1H”要素，紧急联络就没有意义了。

(2) 整理一下事故的相关信息

when 何时发生的···就在刚刚·3分钟前
where 在何地发生的··青空公民馆前
who 和谁相关····受害者：10岁左右的少年·骑着自行车
加害者：男人·30岁左右·开红色车子
what 发生了什么···机动车和自行车的碰撞事故
why 为什么会发生··骑车男生没有左右确认来车情况就穿越马路
how 怎样的情况···伤者的情况：被撞倒晕了过去，流血了
目击者·······马渊隆广·小学六年级·放学途中

▶ 如果要把所有信息说出来，就要花费一些时间。请想一想打紧急联络电话时哪些信息才是必要的。

(3)为了让警察尽快赶到事故现场，必要的信息都有哪些？

看到事故现场给警察打电话的时候，首先要把最重要的信息告诉警察。

- 发生了什么
- 何时发生的
- 在哪儿发生的
- 是怎样的情况
- 联络者的名字

最低限度需要知道

- 警察该往哪里去
- 是否需要急救车
- 谁是知道具体情况的人

(4) 紧急联络时要这样汇报

建议

在当今社会，谁都无法保证自己不会遭遇到紧急情况。既然如此，我们就必须掌握紧急联络的本领。当听到紧急事态时，警察需要了解哪些情况、想最先知道哪些情况，让我们站在警察的角度换位思考一下就能想明白了。

在分秒必争的紧急事态下，最关键的是迅速判断出哪些是首先要汇报的信息。在做紧急联络时，哪些是必要信息，哪些是非必要但通报了会有帮助的信息，通过这一篇的学习，你已经掌握了要领。你能否冷静对待，与警察能否迅速反应和及时处理息息相关。

47 做汇报：事故报告

事故就在你眼前发生，而你刚好成了第一目击者，不知道你有没有过这样的经历。如果你偶然成了某起事故的目击者，那么你就有必要向警察或者当地的负责人详细汇报事故的情况。因为针对已经发生的事故，警察或负责人要调查事故原因、追查引发事故的责任人等，都需要你提供的证据去验证。

当你面对这样的局面时，又该如何是好呢？我们之前所学的技巧应该会派上用场。做报告最重要的是“5W1H”要素。另外，报告重视的是事实，所以注意不要把自己的主观意见和感想也夹杂到报告中。那么，哪些技巧需要重点掌握，让我们来一起确认一下吧。

(1) 隆广从学校回家的路上目击了一起事故，他要把事故的情况汇报给警察

(2) 隆广目击的是一起怎样的事故呢

目击者 · · · · 马渊隆广
地点 · · · · · 青空公民馆前
时间 · · · · · 4点10分左右
事故发生日 · · 11月21日（周四）
加害者 · · · · 驾驶红色机动车的30岁左右男子
受害者 · · · · 骑自行车的小学男生
伤者情况 · · · 晕倒 · 流血了
原因和情况 · · 男生在人行道骑车。
· 男生没有看左右来车，在没有人行横道的地方突然横穿马路。
· 骑车男生和机动车都是从青空小学方向过来。
· 机动车的车速并不快。
· 机动车急刹车。
· 机动车和自行车撞上了。

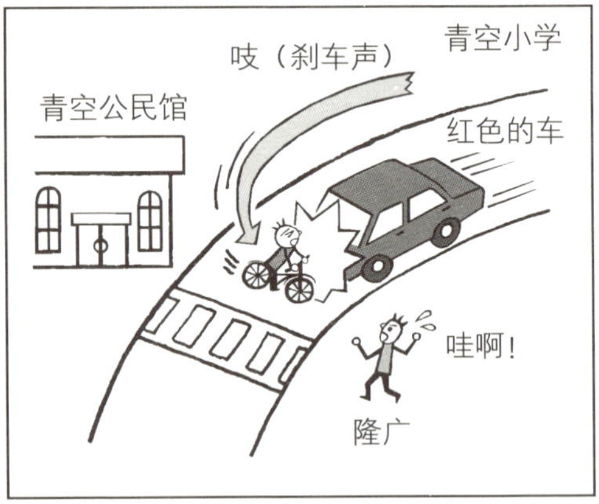

（3）隆广把看到的事实做了汇报

我叫马渊隆广。我要汇报一下 11 月 21 日周四我看到的事故。事故发生在青空公民馆前，时间是 4 点 10 分左右。因为我是 4 点 5 分从学校出来的，所以事故应该是 4 点 10 分左右发生的。当时是机动车和自行车发生了碰撞。机动车是红色的，驾驶者是 30 岁左右的男人。骑自行车的是一个小学男生。这个男生是从青空小学那边沿着人行道骑过来的。机动车也是从青空小学那边过来的，速度并不快。当时机动车有急刹车，但还是没来得及。男生被撞后晕倒了，还流了血。我的汇报就这些。

好的，你讲的情况非常明白！

做汇报必需的要点

1. “5W1H”
何时（when）
何地（where）
谁（who）
为什么（why）
怎样（how）
2. 事实和意见的区别

（4）一起来思考一下

目击者 · · · · （你的名字）× 年 × 班
地点 · · · · · 校园的攀登架
时间 · · · · · 1 点 10 分左右 · 午休时
发生事故的日期 · 11 月 30 日（周一）
遭遇事故的人 · 一年级的女生
受伤的情况 · · 大声地哭 · 脚在流血 · 手腕弯曲着
原因和状况 · · 一个一年级的女生在爬攀登架。
来了一个三年级的男生。
男生对女生说“让开！”，
女生想要下来的时候，
手一滑就掉下来了。

我的建议！
“5W”和“1H”
注意事实和意见的区别！
不要掺杂自己的意见和感想！

▶ 在目击者一栏换上自己的名字，请你试着做一下事故的报告。
因为是在学校碰到的事故，所以要报告给老师。请爸爸妈妈充当老师的角色，你来向他们做汇报吧。

建议

我们已经学过，在做事故报告时最重要的就是有意识地区分事实和意见。如果随意把自己的感想和意见掺杂在客观事实中，那么收听报告的人就会搞不清哪些是客观事实，哪些是你个人的意见。因为把事实和意见混在一起的话，真正应该被汇报的事实就会被扭曲。用生动易懂的语言传达给对方，能让对方有身临其境的感受，这一点虽然也很重要，但如果不能正确地传达给对方最关键的事实，那么汇报就失去了真正的意义。

48 做汇报：暑假旅行

放假是最开心的，特别是暑假，大家一定都很期盼放暑假吧。很多人会利用长假和家人们一起出去旅行。

那么，到了新学期，一个暑假没见，你会发现朋友居然晒得黑黑的，都快认不出来了。这个暑假大家都去了哪里、是怎么度过的，小伙伴之间一定有很多话题想要畅聊。有没有介绍旅行见闻时能派上用场的交流技巧呢？用哪些技巧可以把暑假旅行见闻清楚明了地分享给朋友们呢？还有，关于暑假旅行的小作文，要怎么写才好呢？

这里，只要把我们之前学过的技巧做一番“总动员”，一定可以出色地做出暑假报告。让我们一起来想一想都需要用到哪些技巧。

(1)你是不是也是这样说的？

绘里一直在说自己的感想，却没有向麻理介绍旅行的内容。

(2) 绘里在回答问题的过程中逐渐搞明白了应该怎样说

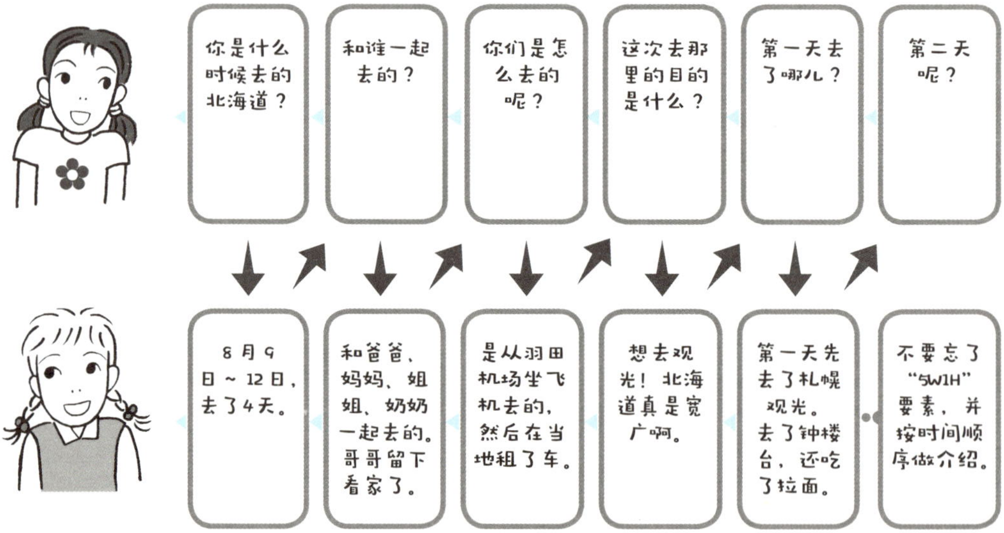

(3) 绘里把“暑假旅行”写成了报告准备提交，来看看她写得怎么样

＜先做出这样的提纲＞

“5W1H”
① 何 时 · · 8 月 9 日～ 12 日
②哪里 · 北海道
③谁 · · 父母、姐姐、祖母
④做什么 · · 旅行
⑤为什么 · · 观光
⑥怎么去的 · 乘飞机

①②③④

第一天	
6:30	从家出发去羽田机场
9:30	乘飞机飞往千岁机场
10:40	到达千岁机场、租车
12:00	午餐　札幌拉面
13:00 ≀ 18:00	市内观光（钟楼台、北海道大学、大通公园等）
19:00	在酒店用晚餐
21:00	睡觉

＜参考提纲，写了下面的报告＞

我 8 月 9 日到 12 日和爸爸、妈妈、姐姐、奶奶一起去北海道玩了 3 晚 4 天。接下来，我来对这次旅行做详细汇报。
　8 月 9 日早上 6 点 30 分，我们出发坐电车去羽田机场。然后乘坐 9 点 30 分的飞机于 10 点 40 分到达了千岁机场……
以上就是我关于这次暑假家庭旅行做的报告。

(4) 来做个练习

“5W1H”
① 何 时　7 月 20 日～ 21 日
②哪里　白浜海岸
③谁　中村小学六年级学生
④做什么　去临海学校
⑤为什么　参加学校活动
⑥怎么去的　2 台大巴车

广明

第一天	
7:30	学校集合
7:30	从学校出发
10:40	到达白浜海岸 · 白浜庄野营基地
12:00	午餐
13:00 ≀ 16:00	海水浴
18:00	晚餐
19:00 ≀ 20:30	营地篝火
21:00	就寝

第二天	
7:30	起床、吃早饭
9:00	出发
11:30	到达学校

这是广明参加临海学校活动时所做的记录提纲。
请你替代广明试着写一篇参加临海学校活动的报告吧。
①首先要明确这是关于什么的报告。
②按时间顺序来记述
③要加主语。
④注意“5W1H”要素。
⑤不要忘记结束语。

建议

做汇报的基本技巧共有 5 项。写报告（报告书）同样也采用这 5 项技巧。分别是：按时间顺序来记述，明确“5W1H”要素，只记述客观事实，不夹杂自己的感想和意见，不要忽略主语和目的语。另外，对于内容更丰富的旅行报告，重要的是开头先告诉对方整体印象。这里的整体印象也需要用到“5W1H”要素。先利用“5W1H”简明扼要地做一个概括，这样对方就可以大体勾勒出这次旅行的整体轮廓。有了整体印象后，再对细节做详细描述。最后还要加上对这次旅行的简单总结。哪怕只是短短的一句总结，也是写报告时必不可少的要点。按照以上技巧，相信你一定能写出出色的报告。

49 认知：转换视角①——电影·猫

你就是你。你既不是你的爸爸妈妈，也不是你的朋友，你也不是“大家”。你就是你自己，你有你自己专有的想法。你身边的爸爸妈妈、兄弟姐妹，他们每个人也都拥有各自独特的想法。在这个世界上，没有任何一个人会与你的想法完全一致。

即便看到的是同样的事物，每一个“我”的感受和想法也各不相同。你是不是认为如果是家人的话，就应该有同样的感受、同样的想法，或者最要好的朋友也会和自己有一样的看法？那么，这一次，就让我们来想一想，人和人对事物的感受、理解、思考有何不同，以及认知有何不同。

（1）即便是同一个事物，对它的感受和想法也是人和人各不相同

电影《太空战士》

看之前

翔悟和爸爸一起去看了正在热播的电影《太空战士》。两个人都很想看这部电影，期待了很长时间。

一小时后

明明是同一部电影，看过后的感受和想法却因人而异。翔悟和爸爸虽然是父子，但对这部电影的感受和想法是不一样的。

看完后

你是不是认为别人的想法会跟自己的一样？或者觉得至少家人会跟自己有一致的想法这种先入为主的思想呢？

（2）你会不会认为“大家”都喜欢猫？

建议

说话时忽略主语是日语特有的表达习惯。所以，在说话时特意明确出“我”来，就成了一件不那么容易的事。不要把“我”的想法下意识地替换成“大家”来表达，这一点我在“基础篇”“‘大家’是谁？”中已经做过说明。

通过这一篇我们要认识到的是，即便看到、听到同样的事物，每个人对它的理解、感受和想法也各不相同。我们需要了解的是，一旦变换了视角，认知也会随之改变。因此，在我们的日常生活中，要时刻留意“我”的想法和“你”的、“他 / 她”的想法可能存在的差异，养成主动确认这些差异的习惯，才能减少分歧。

50 认知：转换视角②——小红帽

这一次，我们借用《小红帽》这个故事，希望大家能理解我们每个人都是从自己的视角出发来认识事物的。

大家一定都知道《小红帽》这个故事。大家读过的《小红帽》是作者从自己的视角出发写成的故事。所以，小红帽心里想的什么、大灰狼心里想的什么、小红帽所不知道的大灰狼在偷偷做的那些事，都是作者叙述出来的。但是，如果我们从小红帽的视角来看这个故事的话，《小红帽》又会以怎样的情节展开呢？又或者，我们用大灰狼的视角来看，又会是怎样的呢？可能会和大家一直以来所熟知的情节大不相同吧。毕竟，无论是小红帽还是大灰狼，都无法知道对方心中想的是什么，也无法知道自己看不到的地方正在发生什么。

(1) 我们分别从 3 个视角来重新思考《小红帽》

1. 如果从小红帽的视角出发，故事里面的第□、□、□、□、□格是第一人称“我”不知道的情节呢？

2. 如果从大灰狼的视角出发，故事里面的第□、□、□格是第一人称“我”不知道的情节呢？

3. 如果你是作者，你就什么都知道，就可以把全部情节串起来写出这个故事。

★参考：通过“转变视角”训练来为你助力。

(2)从小红帽的视角来写这则故事的话……

我所不知道的是第2、4、6、7、11格的情节。第2和4格是大灰狼自己心里想的事，所以我不会知道。第6、7格是我不在的地方发生的事，所以我也不知道。到了11格，我已经被大灰狼吃进肚子里了，所以我也不知道大灰狼有没有睡着。

我带了葡萄酒和面包要去看望生病的外婆。外婆住在森林里。我跟妈妈说完“我走了”就出发了。在森林里我遇到了大灰狼。大灰狼问我“你要去哪儿啊”，我回答“我要去外婆家看望外婆”。
然后大灰狼对我说“多摘一些漂亮的花，给外婆带去吧”。在我摘花的时候，大灰狼就不知去向了。拿上摘好的花来到外婆家，我敲了敲门。听到里面有外婆的声音，我就进去了。看到外婆总感觉有点儿怪怪的。我问了外婆很多问题，就在这时候，外婆突然变成了大灰狼，把我吃掉了。又过了一阵子，猎人来了，我和外婆得救了。

(3)从大灰狼的视角来写这则故事的话……

(大灰狼语叙述中)我所不知道的是第1和11、12格的情节。第1格我不在现场，所以我什么都不知道。第11、12格我吃掉了外婆和小红帽，肚子吃得饱饱的睡着了，所以也什么都不知道。不过这样看来，比起小红帽，还是我知道的更多呢！

我在森林里溜达的时候，看见小红帽一个人走过来了。我慢慢接近小红帽，问她要去哪儿。小红帽回答说“要去看望外婆”。
我心中暗想“有办法了”，我要抢先赶过去，这样就能把外婆和小红帽都吃掉了。于是我跟小红帽说，让她摘一些花带给外婆。小红帽听了非常高兴，然后就开始摘花。我趁着这个时机赶紧来到外婆家，假装成小红帽进到屋子里，把外婆吞进了肚子。然后我就装扮成外婆的样子，钻进被窝里。等了一会儿，小红帽就来了。小红帽问了我一大堆问题，我听烦了，就把小红帽也吃掉了。然后吃饱了的我就犯困了。嗷呜，好困啊！

建议

自己没有看到的事、自己不在场时发生的事、如果不经过别人告诉就不知道的事，我们可以通过熟知的故事做例子来思考视角与认知的关系。如《汉塞尔和格莱特》《摘瘤子的爷爷》《仙鹤报恩》等童话故事都很适合做转换视角的认知练习。

当家人聚在一起时，转换视角的练习就可以这样做。比如《汉塞尔和格莱特》的故事，一个人扮演汉塞尔，一个人扮演格莱特，一个人扮演父亲，一个人扮演魔女，让大家分别从自己的视角叙述这个故事。你就可以真切地感受到，大家从各自视角看到的情节原来有着如此大的差异。通过转换视角训练，可以让你拥有复眼一样多角度审视事物的观察力，掌握更加批判的客观认知事物的本领。

● “语言技术教室”是这样的教室

我于 1990 年秋在筑波研究学院都市开设了语言技术教室。教室开设最初，只有几名小学生来上课。教室在最初的 5 年把对象设定在了小学生的范围内。后来有许多小学生变成中学生、高中生以后还想继续在这里学习，现在有从小学到高中近 100 名学生在这里学习语言技术。

“语言技术教室”创办的目的大概有 3 个。第一，希望在孩子们年龄还小的阶段，把今后生活中最重要的 4 项语言技能（听、说、读、写）传授给他们，使他们能最大限度地灵活运用。第二，通过这些语言技术的学习，希望把逻辑思考能力、分析能力、复眼式审视的能力、批判验证的能力等孩子们自身的潜在能力挖掘出来。第三，希望通过训练，让孩子们拥有富有感性、细腻、饱满的语言表达能力。

教室的课程设置是我亲自编排的，我参考了德国的语言技术系统，并做了一些调整。在这 11 年的时间里，我不断重复试错和纠正的循环，不断调整课程和教材。教师的授课频率为，小学生每月 2 次，每次 1 小时；中学生每月 1 次，每次 2 小时。虽然是时间非常有限的授课，但吸收快的孩子用不了多久就能真正掌握这些语言技术。不过，语言的训练不是一朝一夕就可以看到成果的，而是需要长时间的坚持。

课程内容多以讨论和作文为中心。如果最终目的是写作文的话，课堂上就会围绕一个命题让大家一起展开讨论，不断思考推敲，直至落笔。作文是没有标准答案的，写什么、怎样写，全由每个学生自己决定。但是，为了写作而需要掌握的技巧是确定的。只有真正掌握这些技巧，才拥有把自己的想法用逻辑严谨而又简明易懂的表达方式传达给对方的能力。

根据孩子们成长的状况、家长的期望、社会的需要，我们教室的课程和教材也保持正在进行时的状态，一边调整修改一边不断推进。

写在最后

这本书里不仅有我们教室课程“问答游戏”的内容，还归纳了许多学生和我的孩子在日常生活中出现过的需要注意的问题，以及对他们的指导方法。

作为父母，我们有时只需要稍微有意识地调整一下语言环境，孩子们的语言就可能发生惊人的变化。如果孩子从小就拥有深刻的思考力，并具备用语言清晰表达自己想法的表现力，那么，长大步入社会以后，想必他们一定可以游刃有余地开拓自己的人生。

这本书为父母提供了日常训练法的参考，教给孩子如何才能具备逻辑思考力和逻辑表达力，并把它们落实到语言表达中。此外，我最后还有一个请求：如果我们希望自己的孩子拥有合乎逻辑和符合伦理的思考力和表达力时，首先要把“逻辑”一词作为家中常用的生活用语经常提及。在我家的语言交流中常会有“符合伦理逻辑”的语句出现，所以我从小学低年级时就已经明白了“逻辑”的意思，并把它用于自己的语言表达中。“逻辑”一词，日语表达出来会觉得很生硬，但在德国却是非常普通的日常用语，连幼儿都会随口说出“逻辑”来。在欧美的语言系统中，“逻辑”并不是特别的词汇，而是极普通的生活用词。所以，在家里，也请常把“逻辑”挂在嘴边吧。如此一来，人们在讲出“逻辑”一词时，自然而然就会思考自己的话是否符合“逻辑”。当自己意识到“逻辑”的时候，自然就会想到我们介绍过的表达技巧。

由于本书是“插画版”，所以关于理论的阐述并不充分。如果大家想更详细地了解“基础篇”和“实践篇”中各种训练项目的意义和方法，请参考我编著的《发掘孩子的逻辑思考力——亲子交流 · 技巧训练》（一声社）一书。2 本一起参照阅读，更容易了解“逻辑 · 沟通”的意义。

最后，请让我向为本书做插画配图的插画师岛村尤加利和一直支持鼓励我们的编辑坂上美树表达由衷的感谢。

三森由利加

推荐语

有一天，上小学四年级的女儿回到家突然说："说的是什么根本没明白"。问过情况才知道，她不满的原因是附近公园里广告贴纸的内容。我马上和女儿去那个公园确认，原来广告贴纸的内容是请大家帮忙找寻遗失物品，上面画着该物品的图像并留有联系方式。但是，什么时间、在哪儿丢的、画的是什么、是遥控器还是小型游戏机等，这些都没有说明。而且，大小、材质、颜色等具体信息也没写。女儿说："这样的话就算想帮忙找，也无从下手啊。"我想，这是女儿从"应用篇"的"做描述：遗失物"中获得的经验。语言技术训练让女儿注意到生活中的这些非逻辑的细节。推荐大家活用这本书，来调整家庭内部的语言环境。希望有更多的家庭，能像我一样切实感受到孩子身上发生的改变。

（田中澄枝）

为什么自己想说的话总是无法顺利地传达给别人。我在年轻的时候总会被别人的意见牵着鼻子走，留下很多懊悔的记忆。等到我的孩子逐渐长大，我终于意识到说话方式的问题。每天孩子讲话都是自己爱讲什么讲什么，但每每我问"那是什么事？是谁说的"时，我逐渐意识到，我虽然从小就一直在教孩子讲话，却没有教他如何"传达意思"和怎样"思考"。当我了解到说话也需要语言技术，且语言技术教育在欧美国家被放在初级教育，而日本却几乎没有涉及这一情况时，我非常震惊。我也明白了从小接受语言教育的重要性。所以，我认为这本书是妈妈的好帮手，我希望通过训练，具备逻辑思维、逻辑表达能力的孩子越来越多，今后我们的社会也会大不一样。

（饭田富美子）

对于一直生活在含糊的语言氛围中的我来说，我认为欧美国家的语言技术教育是既新鲜又合理的概念。自从学习了语言技术，并有意识地注意自己的表达方式后，我和我的孩子都发生了巨大的变化。比如，孩子想要什么东西的时候，以前就是说“妈妈，给我 ××”。当然，这对于妈妈来说完全能明白孩子的意思。但经过学习后，会加上理由，用“因为我 ××，所以请给我 ××”来表达。我也总会装成故意听不懂的样子去问“为什么”。令我吃惊的是，一直听着这些日常谈话的二女儿，3 岁左右就可以自然而然地在说话时把自己的理由表述出来。父母首先要注意自己的表达方式，孩子的语言就会逐渐改变。把语言技术融入日语的表达之美中，日本人的语言交流也一定能变成了不起的语言交流。希望语言技术在更多人中得到普及。

（大类几代）